यात्री हो चला

बस्तर, उत्तराखंड एवं बेलापानी का यात्रावृत्तांत

भागवत सांवरिया

ISBN 979-888606175-8

नाना-नानी

जिन्होंने संघर्षों में

जीना सिखाया

मेरी आने वाली संतान

और नई पीढ़ी को समर्पित

क्रम-सूची

प्रस्तावना

संवेदनशीलता की यात्रा

यात्राएं सम्वेदना का विस्तार करती हैं। अलग-अलग जगहों की यात्रा करने से प्रकृति और मनुष्यता के विविध रंगों से साक्षात्कार होता है, जो न केवल हमारे ज्ञान को बढ़ाता है अपितु सम्वेदना को भी स्पर्श करता है। यों यात्रा के विविध प्रयोजन हो सकते हैं, इसलिए 'यात्रा विवरण' और 'संस्मरण' में अंतर होता है। कहना न होगा एक साहित्यिक की यात्रा संस्मरण हुआ करती है, जिसमें न केवल दृश्यों का पर्यवेक्षण होता है बल्कि परिवेश से भावात्मक अन्तःक्रिया भी होती है। इसलिए वह दृश्यों को देखता भर नहीं महसूसता भी है।

युवा साहित्यकार भागवत साहू का व्यक्तित्व संवेदनशील है।पेशे से वे प्राथमिक शाला के शिक्षक हैं। जहां संवेदनशीलता का अतिरिक्त महत्व होता है। यह अकारण नहीं कि इस यात्रा संस्मरण में जगह-जगह बच्चों की उपस्थिति या स्मरण है। इन यात्राओं में लेखक की विवेकशीलता का परिचय भी मिलता है, जहां उसने कुछ धार्मिक-सांस्कृतिक स्थलों पर वीआईपी कल्चर अथवा दबाव पूर्वक चढ़ावे की तरफ ध्यान आकर्षित किया है।

यात्रा के लिए जिस जोश, जुनून और साथीभाव की आवश्यकता होती है, वह लेखक और उसके साथियों में दिखाई पड़ता है। कम संसाधनों में, बिना आरामतलबी के, अपने शरीर के भरोसे यात्रा करना इसका परिचायक है।

इस संस्मरण में स्थलों की अधिकता नहीं है। मुख्यतः तीन जगह ही हैं–बस्तर क्षेत्र, उत्तराखंड और छत्तीसगढ़ के बैगा क्षेत्र का एक गांव बेलापानी। तीनों क्षेत्रों की अपनी पृथक सांस्कृतिक पहचान है। बस्तर जहां आदिम जनजातीय संस्कृति और प्राकृतिक सौंदर्य के लिए तो उत्तराखंड अपने दुर्गम हिमालयीन परिवेश और धार्मिक सांस्कृतिक

परिवेश के लिए चर्चित है। बेलापानी बैगा जीवन और संस्कृति से जुड़ा अधिकांश पाठकों के लिए एक नयी जगह है।

लेखक ने इन स्थलों से जुड़ी मान्यताओं, संस्कृति को समेटने का प्रयास किया है और साथ ही वहां की कठिनाइयों, समस्याओं की तरफ भी ध्यान दिलाया है। महत्वपूर्ण यह भी है कि इस क्रम में उसकी दृष्टि उपदेशात्मक नही है और वह 'हम' की भावना से इनको देखता है। इस तरह यह संस्मरण पाठक को अपने साथ जोड़ने में सफल प्रतीत होता है।

लेखक अभी युवा है; स्वाभविक है उनकी भाषा-शैली अभी बनने के क्रम में है,इसलिए अभी उसमें कसावट की कमी तथा वाक्य विन्यास में सुधार की आवश्यकता महसूस की जा सकती है। उम्मीद की जा सकती है आगे उनके गद्य में अपेक्षित निखार आएगा।

अजय चन्द्रवंशी, कवर्धा

भूमिका

मेरा यह पहला यात्रा वृत्तांत संग्रह है। इसमें बस्तर क्षेत्र, उत्तराखंड का छोटा चारधाम एवं बैगा गांव बेलापानी यात्रा का विवरण है। बस्तर, उत्तराखंड एवं बेलापानी तीनों यात्राएँ एक दूसरे से भिन्न हैं। बस्तर की यात्रा मुख्यरूप से दो मित्रों की यात्रा है। मेरी और सुनील की। हमने बस्तर में जो देखा, जो अनुभव किया, बस्तर को जितना जान पाए उसका विस्तृत विवरण है। बस्तर जो कुछ वर्षों पूर्व तक केवल नक्सलवाद का पर्याय माना जाता था। अब धीरे-धीरे अपने प्राकृतिक और जनजातीय संस्कृति के लिए छत्तीसगढ़ के साथ ही राष्ट्रीय और अंतरराष्ट्रीय स्तर पर ख्याति अर्जित कर रहा है। यहाँ कुछ विशेष स्थलों का वर्णन इस वृत्तांत में है।

उत्तराखंड की यात्रा पहले से योजनाबद्ध नहीं थी। जैसे-जैसे आगे बढ़ते गए योजनाएँ जुड़ती गई। हम पर्यटक बनकर घर से निकले, हरिद्वार पहुंचते-पहुंचते तीर्थयात्री हुए। छोटा चारधाम यात्रा समाप्त कर पुनः पर्यटक बन गए। यहां के वृत्तांत में आप पर्यटक, दार्शनिक, तीर्थयात्री सभी नजरियों का समावेश देखेंगे। मेरी ज्यादातर यात्राएं कम लोगों के साथ ही हुई है। यह मेरी पहली सामूहिक यात्रा थी। इस यात्रा में हम दस साथी थे– मैं, हितेश केशरवानी, रोहित साहू, प्रमोद चंद्रवंशी, विरेंद्र चंद्रवंशी, प्रेमिश शर्मा, वोकेश नाथ योगी, अमित गुप्ता, खिलेश्वर साहू एवं प्रह्लाद शर्मा। हम सबके सोचने का नजरिया अलग-अलग था। हम सब बहुत सी बातों पर सहमत भी थे और असहमत भी। इन सब बातों के होते हुए भी यात्रा अच्छे तालमेल के साथ पूरी हुई। हम सबकी समझ का जिक्र न होते हुए इसमें उत्तराखंड के दिलकश नज़ारों, सांस्कृतिक,सामाजिक परिदृश्य, वहां की दुर्गमता एवं जनजीवन का जिक्र है।

बेलापानी की यात्रा एक प्रयोजन मूलक यात्रा थी। वरिष्ठ साहित्यकारों और नव-साहित्यकारों के अनौपचारिक मेल-मिलाप की यात्रा। मौसम में बदलाव के साथ प्रकृति और परिवेश की यात्रा, जो

साहित्यिक यात्रा श्रृंखला आपसदारियाँ कार्यक्रम का दूसरा पड़ाव था। इस यात्रा में बहुत से साहित्यकारों का सानिध्य प्राप्त हुआ। यात्रा में हमारे साथ, "आपसदारियाँ" के सिरमौर यायावर ख्यातिलब्ध वरिष्ठ साहित्यकार सतीश जायसवाल, प्रसिद्ध चित्रकार कवि कुंवर रविंद्र, कवि स्तंभकार राहुल राकेश, पत्रकार डॉ.दीपक पाचपोर, सामाजिक कार्यकर्ता इंदु साहू, बंगाल के कवि दंपत्ति श्यामाश्री सरकार–तृप्तिमय चंद्रा, बस्तर के कवि विजय सिंह, दिप्तेंदु रॉय, प्रमोद कुमार वर्मा, शुभम थ्वाजत, स्थानीय वरिष्ठ पत्रकार कवि नीरज मनजीत, युवा आलोचक कवि अजय चंद्रवंशी, वरिष्ठ पत्रकार कवि समयलाल तंबोली विवेक, कवि इतिहासविज्ञ महेश आमदे, आदिवासी विमर्श की चर्चित कवियित्री विश्वासी एक्का, साहित्य प्रेमी राजाराम हलवाई, संतराम थवाइत, कवि मित्र सुखदेव सिंह अहिलेश्वर, कार्यक्रम के ख़ास सहयोगी शिखर युवा मंच के संयोजक भूपेश वैष्णव एवं उनके साथी शामिल थे। इनमें से बहुत से लोगों से मेरा पहला परिचय था। बेलापानी यात्रा के दौरान मुझे सीखने को बहुत कुछ मिला है। मेल मिलाप एवं वैचारिक आदान–प्रदान की यह यात्रा काफी रोचक एवं मेरी रचनात्मकता को आगे बढ़ाने में काफी सहायक रही है। एक बैगागांव, वहाँ की सामाजिक, सांस्कृतिक, आर्थिक अवस्था, परंपराएं और जनजातीय जीवन के यथार्थ से रूबरू हो, समझ विकसित करने में भी सहायक रही है। हम शहरों के रहने वाले जो खुद को आधुनिक कहते हैं, बैगा आदिवासियों से हमारी सोच किस कदर पिछड़ी है यह गौरतबल है।

अंत में सभी सहयोगियों सहयात्रियों के साथ ही समयलाल तंबोली विवेक जी का तहेदिल से धन्यवाद जिन्होंने इस पुस्तक के संपादन में सहायता की। अजय चंद्रवंशी सर, समाजसेवी एवं चिकित्सक एम.एल. चंद्रवंशी सर का मार्गदर्शन भी सतत् मिलता रहा। परिवारजनों का भी आभार जिनके हिस्से के समय से ये यात्राएं पूरी हुई।

लेखन व प्रकाशन का यह पहला प्रयास है। गलतियां अवश्यंभावी हैं। सुधी पाठकों की प्रतिक्रिया अपेक्षित है। आशा है यह यात्रा वृत्तांत आपको खुद से जोड़ पाएगी।

भागवत सांवरिया

"रहस्यों की धरती-बस्तर"

यहाँ आकर आप अनायास बस्तर पा लेंगे, ऐसा बिल्कुल भी नहीं है। हाँ बहुत सी दुकानें ज़रूर दिखेंगी "बस्तर टी-स्टाल" से लेकर "बस्तर चिकन बिरयानी" तक। "बस्तर कॉटन" से लेकर "बस्तर रेडीमेड" तक और भी बहुत कुछ, बस नहीं दिखेगा तो बस्तर। पर आप किसी भी बस में चढ़कर कुछ देर बस्तर को तलाशेंगे तो बस्तर आपके आसपास ही कहीं बैठा दिखाई देगा, दुबका हुआ सा। बस कंडक्टर के इशारे पर कभी आगे की सीट तो कभी बस के बंपर पर बैठता हुआ।

1

दंतेवाड़ा

दिनाँक

23/12/2018

अभी जब मैं लिखना शुरू कर रहा हूँ हम दंतेवाड़ा से जगदलपुर की ओर बढ़ रहे हैं। आज रात के विश्राम का इन्तजाम वहीं करना है। जैसे ही स्कूल की छुट्टियाँ लगती है, एक अजीब सी बेचैनी दिल में घर कर लेती है जो या तो छुट्टियों में भी स्कूल तक खींच लेती है या फिर कहीं किसी अनजान सफर पर निकल पड़ने की जिद पकड़ लेती है। खाली रहना असह्य जान पड़ता है। छुट्टियों में स्कूल लगाने का भी अपना अलग सा तकाज़ा है। आप हर वक्त बच्चों को स्कूल बुला कर पढ़ा नहीं सकते क्योंकि उनकी ग्राह्य क्षमता की अपनी एक सीमा होती है। दूसरे बच्चे शीतकालीन जैसे लंबे अवकाश के लिए उत्साहित भी रहते हैं। ऐसे में उन्हें स्कूल बुला इस उत्साह को कम करना भी उचित नहीं है।

इसी सोच के बीच एक अलग तरह का विचार मन में घर कर गया है "खुद को जानना और दुनिया को समझना है तो जब भी मौका मिले निकल पड़ो झोला उठाके।" बस इसी सोच से प्रेरित होकर, इस शीतकालीन अवकाश पर बस्तर की खूबसूरती को महसूस करने की इच्छा जाग पड़ी। इस क्षेत्र के बारे में विशेष आकर्षण बस्तर पर्यटन अनएक्सप्लोर बस्तर जैसे इंस्टाग्राम पेजों ने जगा रखी थी। रोज बस्तर के खूबसूरत चित्रों को देख देख कर उन्हें महसूस करने की दिली इच्छा

थी।

पहला दिन घर से रायपुर फिर दंतेवाड़ा

इस यात्रा में सीमित साथियों के साथ जाने की सोच थी इसलिए ज़्यादातर मित्रों से चर्चा नहीं की थी। जिनसे चर्चा हुई थी, उन दो-चार लोगों ने भी दिन नज़दीक आते-आते यात्रा पर नहीं आने का इरादा बना लिया था। अन्ततः मैं और मेरे सहकर्मी शिक्षक मित्र सुनील चन्द्रवंशी दोनों ने ही निकलने की ठानी। यात्रा चाहे जहाँ की भी हो विचार और ऊर्जा दोनों बराबर हो ऐसे व्यक्तियों के साथ ही करनी चाहिए अन्यथा आपमें ऊर्जा ज़्यादा हुई तो दूसरे थका महसूस करेंगे और कम हुई तो आप उनके ऊपर बोझ हो जाएँगे।

हम दोनों को गृहनगर पिपरिया से अनुज दिनेश ने ढाई किलोमीटर दूरस्थ रायपुर के लिए बस स्टाप बिरकोना तक बाइक पर छोड़ा। यहाँ हमारे पहुँचते ही एक बस आई। बस में जगह नहीं थी ऊपर से बस बहुत गंदी। हमने उसमें न जाने का निश्चय किया और बस से नीचे उतर गए। थोड़े इंतज़ार के बाद दूसरी बस आई यह कांकेर बस थी जबलपुर से रायपुर वाली। बड़ी मुश्किल से हम दोनों को दो अलग-अलग जगह पर सीट मिली। यह बस तो पहली वाली बस से भी गंदी थी। जब सब ओर स्वच्छ भारत का अभियान चल रहा हो तो ये बस ही अछूते क्यों ऊपर से दो लोगों की स्लिपर सीट पर छः-छः लोगों को लादा जाता है। हो सकता है इस संबंध में कोई नियम ही न हो या फिर नियम की किसी को पड़ी न हो। जैसे-तैसे हम रायपुर पहुँचे।

सुनील ने दिमाग पर थोड़ा जोर डाला तो उन्हें याद आया कि उसका एक मित्र दीपचंद्र पहले दंतेवाड़ा में पढ़ता था। उससे वहाँ जाने की व्यवस्था के बारे में एक बार विस्तार से बात कर लें। कॉल करने पर पता चला कि वह भी रायपुर में हैं और बस स्टैंड में ही। फिर क्या ? मिलकर सारा प्लान उन्हें कह सुनाया, जो प्लान जैसा था ही नहीं। हम तो केवल इतना तय कर निकले थे कि रात भर के सफर में जहाँ तक पहुंचा जा सकता है पहुँचेंगे। कोशिश करेंगे कि ढोलकल पहुंचें वहाँ आस-पास घूमेंगे फिर लौटते वक़्त वापसी की जगह देखेंगे। दीपचन्द्र से मिलकर दंतेवाड़ा जाना ही तय हुआ। वहाँ उसके जूनियर अभी भी पढ़ते हैं जो

हमारे आस–पास गाँव के ही हैं। उनसे बात हुई कि हम सुबह मिलेंगे फिर तो घुमाने की जिम्मेदारी उनकी। खाना खाकर हम बस में चढ़े और सुबह करीब 6 बजे हम दंतेवाड़ा पहुँचे।

यहाँ कोहरे भरी सुबह थी। दूर का कुछ दिखता नहीं था। वहीं उतरे जहाँ तय था। पर इतनी सुबह दोस्तों को तंग करना अच्छा नहीं लगा। एक घंटे इधर–उधर टहलने के बाद पूर्जित साहू को कॉल किए। उसका पता हमें दीप से मिला था। बताए अनुसार हम उसके घर पहुंच गए। उसके साथ दो और साथी थे। दोनों पढ़ाई में मग्न थे। उनका सुबह 9:00 बजे से पेपर था। उन्हें किसी प्रकार से डिस्टर्ब किए बिना हम भी नहा धोकर तैयार हुए। पूर्जित ने साथियों को परीक्षा के लिए कॉलेज तक छोड़ा। वे एग्रीकल्चर के विधार्थी हैं।

इसके बाद हम तीनों दंतेवाड़ा की मां दंतेश्वरी के दर्शन करने गए। पहली ही झलक में यहाँ की सादगी दिल में उतर गई। न नारियल बेचने की होड़, न ही पूजा करवाने पंडितों की दौड़। बिना रोक–टोक सीधे गर्भ गृह तक प्रवेश। बस पुरुषों को पेंट या पायजामें की जगह धोती पहननी होती है जो मंदिर द्वारा ही निःशुल्क उपलब्ध कराया जाता है। चढ़ावा भी ऐसा नहीं कि माता को ये चढ़ावें तो प्रसन्न होंगी या किसी यह देवता की कोई अलग पूजा रस्म हो यह भी नहीं। सब कुछ उतना ही साधारण जितना हमारे घर में विराजित किसी देवी–देवता की पूजा होती है। परन्तु माता दंतेश्वरी तो असाधारण हैं, वे पूरे बस्तर की जननी हैं। स्थानीय राज परिवार की कुलदेवी भी। पास ही संखिनी–डंखिनी नदियों का संगम है। इस नदी के दूसरी ओर भैरव बाबा का मंदिर। यहाँ दर्शन के बाद हमने थोड़ी पेट पूजा की और आगे की यात्रा पर निकल गए।

सहयोगी दोस्त- दीपचन्द, पूर्जित एवं साथी ।

2

ढोलकल

दिनाँक

24/12/2018

इस बार की यात्रा का बस्तर चुना जाना अगर किसी एक विशेष कारण से तय हुआ था तो वह था – ढोलकल गणेश जी दर्शन। पिछले एक साल से लगभग रोज ही इंस्टाग्राम में ढोलकल गणेश की न जाने कितनी ही खूबसूरत तस्वीरें हमने देखी होंगी। यहाँ तक पहुँचने की दुर्गमता जो कौतुहल हमारे भीतर पैदा करती है, वह हम पहले खुद में पैदा नहीं कर पाए थे। साथी सुनील से इस बारे में कई बार चर्चा हो चुकी थी कि ढोलकल तो जाना ही है। अब वहाँ पहुँचकर पता चला कि ढोलकल की यात्रा जिस गाँव से शुरू होती है, वहाँ तक पहुंचने के लिए किसी प्रकार के सार्वजनिक वाहन की व्यवस्था ही नहीं है। चूंकि हम तो बस से गए थे ऐसे में वहाँ कैसे पहुँचते?

बस से जाने के बहुत से आदर्शवादी तर्क दे सकते हैं पर सही कारण तो केवल किफ़ायत ही है। मेरे विचार से जितने कम खर्च में कोई यात्रा हो उतनी ही आपकी यात्रा सफल होगी। कारण एक ही–है आप बहुत से पैसे खर्च कर कहीं भी पहुँच सकते हैं, कोई भी यात्रा कर सकते हैं लेकिन उस यात्रा की दुर्गमता या असुविधाओं से आपका सामना नहीं हुआ तो आपने यात्रा ही क्या की ? ये तो वैसा ही हो गया कि आपने बिना रास्ता तय किए ही मंजिल पा ली। बाकी आप इसे अलग तरह से भी सोच या

समझ सकते हैं। सोच और मर्ज़ी दोनों आपकी अपनी है।

जिस उद्देश्य से हम दंतेवाड़ा पहुँचे थे अगर वही पूरी न कर पाये तो यात्रा की सार्थकता ही क्या ? पूर्जित साहू भाई को धन्यवाद ! उसकी मोटरसाइकिल से हमने फरसपाल तक की यात्रा की। धन्यवाद भाई दीपचंद को भी जिनके संपर्क से हम पूर्जित से मिले थे। जान पहचान का यही एक सबसे बड़ा फायदा है । ऐसी जगह पे जहाँ आप किसी को भी न जानते हों, वहाँ कहीं से भी आपका कोई पहचान वाला मिल जाए तो सुकून में दोगुनी बढ़ोतरी हो जाती है।

नास्ते के बाद हमने पूर्जित से ढोलकल जाने की चर्चा की तो उसने वहाँ अपना जाना मुश्किल बताया। हमने जब उसकी गाड़ी मांगी उसने हमें सहर्ष अपनी गाड़ी दे दी। हम लगभग 10:00 बजे वहाँ से चल पड़े फरसपाल की ओर। दंतेवाड़ा से फरसपाल की दूरी करीब 15 किलोमीटर है। रास्ता जब अनजान हो तो दूरी कुछ ज़्यादा ही लगती है। रास्ते में हमें कुछ भी ऐसी चीज दीखती जो हमने पहले कभी न देखी हो तो उस पर चर्चा करते हुए हम आगे बढ़ते गए। इधर ताड़ के पेड़ बहुत हैं और कई जगह उसकी उच्च शाखा पर मटकी बंधी हुई दिखी। जी हाँ मटकी बांधने का कारण "शल्फी" निकालना ही है जो कि "बस्तर बीयर" के नाम से प्रसिद्ध है। यह पेय बस्तरवासी खूब चाव से पीते हैं। यहाँ पहुँचने वाले पर्यटक भी इसका स्वाद लेने से नहीं चूकते। हमने इसका स्वाद तो नहीं लिया बल्कि वापसी में इसकी कुछ जानकारी और तस्वीरें ली। इसे आपसे साझा कर रहे हैं। कहीं तस्वीर से नशा हो जाए तो हमें कृपया दोष न दें। बीच में एक बूढ़ी दादी शल्फी बेंच रही थी, एक आदमी पी रहा था और हमें भी इसकी गुणवत्ता की दुहाई देते हुए लेने का आग्रह कर रहा था। परन्तु जिस नशे से आप अनजान हों उससे अनजान ही रहें तभी अच्छा होता है। रास्ते में दूसरी उत्सुकता पैदा करने वाली चीज थी कुछ स्तंभ की तरह दीखने वाली चीजें जो कुछ-कुछ शहीद स्मारक जैसे दिखाई देती थी और कई तरह की थी। इन्हें देखकर मन में भय पैदा होने लगा। भय वही जो बस्तर के पूर्वाग्रह यानी नक्सलवाद के कारण पैदा होता है। इन स्तंभों की पूरी कथा आगे वर्णित है।

एक दो जगह पूछते हुए हम फरसपाल के उस स्थान तक पहुंच गए, जहाँ से ढोलकल पहाड़ के लिए गाईड मिलते हैं और पार्किंग की पर्ची कटती है। हरे टी-शर्ट में कुछ नवजवान लड़के–लड़कियाँ यहाँ काम करते हैं जो यहाँ के गाईड भी हैं। सभी स्थानीय हैं और जिला प्रशासन के सहयोग से टुरिस्ट गाईड के रूप में रोजगार पा रहे हैं। अच्छा लगा यह देखकर कि जिनका अधिकार यहाँ पहले बनता है उन्हें यह मिला हुआ है। कई ऐसी जगह आप भी जरूर जानते होंगे जो कमाने के चक्कर में ठेके पर दे दी जाती है। मैं लालकिले की बात नहीं कर रहा! उन्होंने गाईड करने के लिए पूछा पर हम तो खोने ही आए थे हमने मना कर दिया। आदिवासी या ग्रामीण अपनी सहजता और उदार दिल के लिए जाने जाते हैं। कमाई का एक साधन कम होते देख वे कोई और तर्क दें या खो जाने का भय दिखाएँ ऐसा बिल्कुल नहीं हुआ। उल्टे लड़कों ने अपना नंबर दिया और कोई भी विषम परिस्थिति आने पर कॉल लगा लेने के लिए कहा। हमने उनसे गाड़ी खड़ी करने की जगह पूछी। उन्होंने बताया यह ठीक चढ़ाई वाली जगह के पास ही स्थित है। वहाँ एक पानी की टंकी है। वहीं से चलना है आपको।

कुछ गाड़ियां उस जगह पहले से ही खड़ी थी। हमने नल से पानी पिया और बोतल में पानी भरकर आगे बढ़े। रास्ता एक नजर में सहज जान पड़ा। मुश्किल से पचास कदम चले थे कि दुर्गमता का एहसास होने लगा। यहाँ जंगल बेहद घना है और ऊपर जाने के लिए केवल एक ही पगडंडी है।

ढोलकल पहाड़ की पौराणिक कथा के अनुसार एक बार भगवान शंकर और माता पार्वती हिमालय पर एकांतवास के लिए गए। भगवान गणेश को उन्होंने बाहर पहरे पर तैनात किया। इसी बीच अपने गुस्से और उग्रता के लिए प्रसिद्ध भगवान परशुराम वहाँ आ पहुँचे। उन्होंने अंदर जाने की जिद की। गणेश जी ने उन्हें रोका वो नहीं माने, दोनों में युद्ध होने लगा। इस पर परशुराम ने गणेश जी पर फरसे से वार कर दिया। इससे गणेश जी ढोलकल पहाड़ पर आ गिरे। ढोल जैसी आकृति के कारण इसे ढोलकल कहा जाने लगा। फरसा जहाँ गिरा वही गाँव आज फरसपाल कहलाता है। यहाँ के लोगों का मानना है कि लोहे के इसी फरसे

से पहाड़ों की टक्कर के कारण यहाँ के पहाड़ लोहे के बन गए। बस्तर का बैलाडीला तो लोहे के लिए पूरे देश में प्रसिद्ध है। अब यह लोहा और यहाँ पाए जाने वाले खनिज बस्तर के ही दुश्मन हो चले हैं। खैर कहानी बस यहीं तक थी।

हम आगे बढ़ते गए। रास्ते में छोटी–छोटी कलकल करती नदियाँ हैं और उस पर छोटे छोटे झरने। नदी के किनारे पगडंडी। पगडंडी पर पर्याप्त मात्रा में नमी है। इसका कारण सूरज का प्रभाव यहाँ कम पड़ना है। जी–हाँ जंगल इतना घना है कि सूरज की किरणें भी बड़ी मुश्किल से कहीं–कहीं ही घुस पाती हैं। बड़े–बड़े दरख़्त रास्ते भर बाहरी लोगों को उत्सुकता से ताकते से खड़े हैं। कहीं–कहीं आने वालों की थकान दूर करने गिर कर कुर्सी भी बन जाते हैं। रास्ते के किनारे–किनारे बड़ी–बड़ी बामियां भी हैं। कहीं-कहीं तो इनकी ऊंचाई दस–दस फीट से भी ज्यादा है। जंगली बेलें इतनी मोटी और पुरानी हैं कि ये भी दरख़्तों–सी हो गई हैं। कहीं–कहीं दो पेड़ों के बीच रस्सी के झूले सी लटकी बेलें आपकी थकान मिटाने को भी आतुर–सी लगती हैं। एक–डेढ़ किलोमीटर तो आप हसीन वादियों और पेड़ पौधों को देखते हुए ही चल देंगे। 3 किलोमीटर की चढ़ाई की थकान आखिर–आखिर में महसूस होती है।

हम दोनों अकेले थे। सूना रास्ता मन में डर जगाने लगा था। तभी दो ग्रामीण बच्चे और एक महिला दिखीं। वे जंगल में लकड़ियाँ लेने आए थे। महिलाओं की इतनी निडरता और आज़ादी किसी भी बड़े शहर को मुंह चिढ़ाते हैं, जहाँ सैकड़ों लोगों के बीच ही बेटियाँ सुरक्षित नहीं। यहाँ यह सूनापन भी इन्हें डराता नहीं। इनकी निडरता से हममें हिम्मत आई और पांव बढ़ते चले। थोड़ी दूर और चलने पर स्वेटर का वजन ज़्यादा लगने लगा। हम दोनों ने स्वेटर निकालकर झाड़ियों में रख दिया और आगे चल पड़े। आगे एक परिवार मिला जो दोराहे पर रास्ता चुनने की उधेड़बुन में बैठा हुआ था। हमने रास्ते पर पीले रंग के तीर के निशान से रास्ते की निशानदेही तय की फिर आगे बढ़े। कहीं–कहीं खूबसूरत जंगली फूल खिले हुए थे। थोड़ी देर में हमें लोगों का कोलाहल सुनाई दिया। हम समझ गए कि अब हम मंजिल तक पहुंचने वाले हैं। पाँव तेजी से बढ़ाते हुए चले। अब चट्टानें आ गईं। रास्ता अचानक दुर्गम हो गया। चट्टानों भरा

संकरा रास्ता जिस पर एक वक्त में एक ही आगे बढ़ सकता था। बहुत से लोग कतारबद्ध खड़े थे। एक दो परिवारजनों के साथ में एक स्थानीय गाईड लड़की थी। वह उन्हें सावधानी से ऊपर ले जाने में सहायता कर रही थी। रास्ता इतना खतरनाक है कि पैर फिसला और सीधे खाई में गिरे। नीचे गिरते देर है, सीधे "ऊपर पहुंचते" नहीं !

ऊपर पहुँचते ही भगवान गणेश की लगभग 3 फुट की प्रतिमा स्थापित है। यह बैलाडीला पर्वत श्रृंखला के एक पहाड़ की चोटी पर लगभग 3000 फुट की ऊंचाई पर स्थापित है। यहां का नज़रा ठीक वैसा है जैसा चर्चित साउथ इंडियन फिल्म मेगाधीरा में रूद्र शिव पहाड़ी होती है। बस पतला सा पुल बीच में नहीं है। पहले मुख्य पहाड़ी की तली की ओर उतरना होता है फिर प्रतिमा वाले चट्टान पर चढ़ना। प्रतिमा लगभग 10 वीं शताब्दी की है परंतु अभी तक इसका कोई सही प्रमाण नहीं है। अपनी गुमनामी में खोए रहने के कई सालों बाद यह 2012 में एक पुरातन शास्त्री (Archeologists) द्वारा खोजा गया है। प्रचलित मान्यता के अनुसार यह मूर्ति लगभग 9 वीं,10 वीं शताब्दी में नागवंशी राजाओं के समय स्थापित की गई है। पास ही एक और चोटी है जो कि इस ढोल नुमा पहाड़ की दूसरी चोटी है। यहाँ भी कुछ अवशेष हैं जो किसी मंदिर के समान जान पड़ते हैं। इतनी ऊँचाई पर चढ़ने के बाद जो सुकून मन को मिलता है वह अद्भुत और अतुलनीय है। रास्ते की थकान एक हवा के झोके के पड़ते ही छू मन्तर हो जाती है। मन एकदम शांत हो जाता है। मैं नहीं जानता कि सच में भगवान होते हैं या नहीं। पर ऐसी जगहें अपने आप में देवतुल्य हैं। प्रकृति ने कितनी ही ऐसी धरोहरों से इंसान को नवाज़ा है जिन्हें हम स्वमेव नष्ट करते जा रहे हैं। वास्तव में ढोलकल की दुर्गमता ही इसकी संरक्षक है। आप जरूर एक बार ढोलकल आइए और इन खूबसूरत वादियों में खो जाइए। दोनों चोटियों पर कई फोटोशूट और सेल्फी के बाद हम वापसी को तैयार हुए पर मन वापस आने का होता ही न था। फोटोशूट से याद आया यहाँ पूरी सुरक्षा का ध्यान रखते हुए ही सेल्फी लें, एक चूक से जान भी जा सकती है।

वापसी में गाईड ने ढोलकल रास्ते की सुन्दरता का राज अनजाने ही खोल दिया। वह वापसी में सबसे पीछे थी। शहरों के सफाईपसंद लोगों ने

इस खूबसूरत जगह को उसकी खूबसूरती के लिए तोहफे में जो पॉलिथीन के ढेर दिए थे, उसे वह इकट्ठा करते जा रही थी। उसका ये समर्पण हम सदा याद रखेंगे। हम जल्दी-जल्दी आगे बढ़े। अब रास्ते पर भीड़ काफी बढ़ चुकी थी। एक जगह छोटे से झरने के पास हाथ–मुंह धोकर हम नीचे उतर आए। बेस के पास आकर वहाँ के लड़कों से बातचीत की। वे सभी खुश मिजाज़ और दोस्ताना स्वभाव के थे। उनसे ऊपर वर्णित सारी कथाएं जानी। हमने कुछ स्नेक्स लिए और ईमानदारी से कचरा उनके डस्टबिन में डाला। वहीं उन स्तंभों के बारे में पूछने पर पता चला कि स्थानीय लोग दिवंगत अपनों की याद में सड़क किनारे या खेतों में इस तरह के स्तंभ बनाते हैं। जिससे कि कम से कम उनके प्रिय लोगों के नाम, उनकी यादें इन स्तंभों के साथ जिंदा रहें। हमने वहाँ सबके साथ फोटोग्राफ लिया। उन्हें धन्यवाद कहकर हम वापस दंतेवाड़ा लौट आए।

ढोलकल,ढोलकल गणेश और रास्ता

ढोलकल,ढोलकल के गाइड, हम और प्रकृति

३

जगदलपुर

24/12/2018

"अनिश्चितता सम्भावनाओं को जन्म देती है। संभावनाएँ आशाओं को। इन्हीं आशाओं से जीवन में प्रवाह आता है और ललक जागती है उठकर दौड़ने और मंजिल को पा लेने की।"

ढोलकल से दंतेवाड़ा लौटकर आगे के सफ़र के बारे में चर्चा शुरू हुई। पहले योजना थी कि बारसूर जाएंगे। समय कम था। शाम हो रही थी बारसूर जाते तो रात रुकने के लिए जगह की समस्या थी। सीधे जगदलपुर के लिए निकलना तय हुआ। दंतेवाड़ा के मित्रों को उनकी मेहमान नवाज़ी के लिए शुक्रिया कहा। उनसे विदाई ली और बस से जगदलपुर को निकले। ढोलकल के ऊर्जादायक सफ़र के बाद लौटते हुए बस में कई तरह के नज़ारे दिखे। बस्तर का जो चित्र और पूर्वाग्रह लेकर हम बस्तर में दाखिल होते हैं, उनमें से कोई भी पूर्वाग्रह हमें वास्तविकता में बदलते नहीं दीखता। बस्तर कहते ही हमारे मन में आदिवासी संस्कृति उनका रहन–सहन, परम्पराएँ नज़रों के सामने से गुज़र जाती हैं। यहाँ आकर आप अनायास बस्तर पा लेंगे, ऐसा बिल्कुल भी नहीं है। हाँ बहुत सी दुकानें ज़रूर दिखेंगी "बस्तर टी-स्टाल" से लेकर "बस्तर चिकन बिरयानी" तक। "बस्तर कॉटन" से लेकर "बस्तर रेडीमेड" तक और भी बहुत कुछ, बस नहीं दिखेगा तो बस्तर। पर

आप किसी भी बस में चढ़कर कुछ देर बस्तर को तलाशेंगे तो बस्तर आपके आसपास ही कहीं बैठा दिखाई देगा, दुबका हुआ सा। बस कंडक्टर के इशारे पर कभी आगे की सीट तो कभी बस के बंपर पर बैठता हुआ। यहाँ अब विकास की बातें करें तो विकास बस्तर में बहुत हुआ है। साफ-सुथरे चौड़े रास्ते, बड़े-बड़े स्कूल–छात्रावास, तमाम प्रकार के सरकारी कार्यालय। पर मुझे नहीं लगा कि बस्तर विकास से तालमेल बैठा पाया है। वह तो केवल इशारे पर नाच रहा है, कहीं विकास के तो कहीं नक्सलियों के। बस्तर का जो भोलापन है वह यहाँ के लोगों में आज भी बसता है। वे थोड़े बहुत पढ़े लिखों और अच्छे कपड़े पहने लोगों से साहब वाला व्यवहार करते हैं। अगर आप थोड़ा अपनापन दिखाएंगे तो बस्तर पूरा आपका हो जाता है। एक आखरी नज़ारा बताता हूँ –बस्तर बाँट दिया गया है, दो हिस्सों में। जो बस के सामने वाले हिस्से पर दिखाई दिया। एक ओर पढ़े–लिखे कहने को सभ्य बाहरी लोग बैठे हैं सीट पर जो लौट रहे हैं शाम को घरों की ओर अपने कामों से छुट्टी पाकर। दूसरी ओर बस के बंपर पर बस्तर के लोग बैठे हैं–जगदलपुर शहर की ओर जाने, कुछ काम की तलाश में।

शाम होते–होते हम जगदलपुर मेडिकल कॉलेज हास्पिटल के पास से गुज़रे। सड़क के एक ओर बड़ा सा कांक्रीट का जंगल, दूसरी ओर असली जंगल के लोग भजिए बेचते हुए.. यह अद्भुत नजारा है! शाम ढलते और रात के शुरू होते–होते हम जगदलपुर के बस स्टैण्ड पर पहुंच चुके थे। बस से उतरते ही पहले रात रुकने का इन्तजाम किया। पास ही आशियाना लाज सह डारमेट्री है। थोड़ा बहुत इधर–उधर और जगह देखने के बाद घूमकर वहीं रुकना तय हुआ। ठंड हमारे इलाके से थोड़ी कम है। बस्तर के बारे में चर्चा में ही काफी समय बीता। मन को थोड़ी स्थिरता और शांति की ज़रूरत महसूस हुई। बस स्टैण्ड के पास ही एक विशाल गुरुद्वारा है, इतना बड़ा कि एक दो हजार लोगों का आश्रय बन पाए। खैर यह शांति का आश्रय स्थल तो है ही। वहीं जाकर थोड़ी देर बैठने का निश्चय कर हम दोनों अंदर दाखिल हुए। भीतर सैकड़ों लोगों के बैठने की जगह है। मुख्य हॉल में दो–चार लोग ही कोनों में बैठे थे। कुछ सिक्ख नवयुवक अरदास गा रहे थे। उनके संगीत की ध्वनि अपना जादू दिखाने

में कामयाब रही। यहाँ हमारे मन में स्थिरता आई। खाना खाने के बाद अगले दिन के सफर के संबंध में आसपास पूछताछ करने पर पता चला कि तीरथगढ़ के लिए इक्का–दुक्का गाड़ियां ही चलती हैं। कार या ऑटो किराया करना पड़ेगा। थोड़ी चिंता हुई। लाज वाले अंकल से वहां जाने के साधन के विषय में विस्तार से चर्चा हुई। यहां बाइक किराए के बारे में पता चला.. इससे पहले गोवा में बाइक किराए पर लेकर घूम चुके थे। उनसे इस संबंध में पूछने पर जवाब हाँ मिला। उन्होंने हमें पता बताया। सुबह जल्दी निकलने के आग्रह से हम सोने चले गए। हमसे एक दिन पहले से बस्तर यात्रा पर चल रहे मित्र विरेंद्र चन्द्रवंशी ने बताया था कि समय के साथ कुटुंबसर गुफा में भीड़ लग जाती है, तो जल्दी निकलना ही एक चारा था।रात जैसे–तैसे बीती। सुबह हुई। हम बस फ्रेश हुए और निकल पड़े आज की पहली मंजिल की ओर... पहली मंजिल..? नहीं.. नहीं रास्ते की ओर।

4

कुटुमसर गुफा

दिनाँक

25/12/2018

जैसा कि पहले दिन तय हुआ था, सुबह होते ही हम ऑटो पकड़कर बाइक किराए पर लेने पहुंचे। ऑटो वाला दुकान तक ले जाने के बाद बोला "दुकान तो 9:00 बजे ही खुलती है, कहेंगे तो मैं चला जाऊंगा जहां,–जहां आपको जाना है कुटुमसर और तीरथगढ़ के दो हजार लूँगा "। हमने उसे अलविदा कहा। आस–पास पूछने पर लोगों ने हमें बताया गीदम रोड पेट्रोलपंप के पास से गाड़ी मिल जाती है। पेट्रोल पंप तक पैदल पहुँचे। वहाँ पूछने पर पता चला कि कांगेर वेली राष्ट्रीय उद्यान के मुख्य गेट तक सुकमा रोड की बसें चलती हैं। वहाँ से फॉरेस्ट की जीप से कुटुमसर की गुफा तक जाना होता है। 9:00 बजे तक बाइक का इन्तजार करने से अच्छा था हम बस से ही निकल जाएँ। हमने ऐसा ही किया। बस पर सवार हुए। बस गीदम रोड पर किरंदुल से सुकमा की ओर मुड़ती है। जगदलपुर से 38 किलोमीटर की दूरी पर कांगेर राष्ट्रीय उद्यान का मुख्य गेट है। उतरते ही हम सीधे टिकट काउंटर पहुंचे। यहाँ भीड़ कम थी। काउंटर पर पूछने पर ज्ञात हुआ कि एक पूरी जीप किराए पर जाती है। हमें जीप साझा करने के लिए थोड़ा रुकना पड़ा। दस मिनट के अंतराल में एक छोटा परिवार मिल गया। वे तीन वयस्क और साथ में दो प्यारे बच्चे थे। अब यहाँ कम साथियों और संसाधनों की यात्रा करने

के फायदे जान लेना जरूरी है। जब आप कहीं यात्रा पर एक बड़े समूह के साथ निकलते हैं तब दरअसल आप अपने घर पर ही होते हैं। घर इसलिए कि आप दिन–रात उन्हीं लोगों से घिरे होते हैं जिन्हें आप पहले से जानते हैं। उनसे ही बातें, उन्हीं के साथ उठना–बैठना जैसे आप घर पर ही हों। हाँ एक अंतर होता है घर आपका न होकर अलग जगह के रूप में होता है। जबकि यात्रा का मतलब अलग तरह के लोगों से जुड़ाव उनसे बातचीत के तौर–तरीके सीखना, उनकी सभ्यता को जानना और उस माहौल के अनुसार खुद को ढालने की क्षमता विकसित कर पाना है। कम से कम इतना तो ज़रूरी ही है कि आप बाहरी लोगों से बातचीत करें। अगर सोच और बातचीत का दायरा बढ़ा नहीं तो यात्रा तो हुई पर आप यात्री नहीं बन पाए। खैर हमारे लिए अच्छा मौका था। दो लोग चार से मिलते फिर चौदह से और दायरा बढ़ता गया। एक ही जीप में 8 किलोमीटर का सफर एक अलग तरह का जुड़ाव पैदा कर देता है। और बच्चों से जुड़ने की कला हम शिक्षकों से बेहतर किसे आती है।

जीप पर सवार होते ही जीप तय गति सीमा से कहीं ज़्यादा गति के साथ सरसराते हुए घने जंगलों के बीच से बढ़ने लगी। हवा बहुत सर्द और चुभने वाली थी। जंगल का सूनापन और उसपर पक्षियों की चहचहाहट। जंगल से छनकर आती धूप, कहीं–कहीं हमारी तरह दौड़ते कोहरे के बादल हमें अलग तरह का एहसास दिला रहे थे। ऐसे जंगल अब राष्ट्रीय उद्यानों और अभ्यारण्यों तक ही सिमट गए हैं। पहले जिन पक्षियों की आवाज से सुबह आँखें खुलती थीं आज उनकी आवाज इन जंगलों में सिमट कर रह गई है। भविष्य में तो केवल इनके टेप ही रह जाएंगे अगर हमारे विकास की दिशा ऐसी ही रही तो। रास्ता मुरूम का बना हुआ अस्थायी रास्ता है जो बरसात में गुफा के साथ ही बंद हो जाता है। सरसराती जीप देखते ही देखते ऊंचे–ऊंचे पेड़ों के नीचे से गुजरते हुए गुफा की पार्किंग तक पहुँच गई। हमसे पहले निकले लोग भी साथ साथ ही जीप से उतरकर गुफा के मुहाने की ओर चले। गाईड की कमी थी तो गुफा के अंदर समूह में ही जाना श्रेयस्कर था। क्योंकि गाईड के पास ही बड़ी लाईट और गुफा की जानकारी थी इसलिए उसके साथ जाना ही अक्लमंदी थी। सबके इकट्ठा होते तक बच्चों के साथ फोटोग्राफी होती

रही।

यह गुफा छत्तीसगढ़ के बस्तर जिले में कांकेर घाटी राष्ट्रीय उद्यान में स्थित है। यह भारत की सबसे गहरी गुफा मानी जाती है। यह 60 - 120 फुट गहरी है तथा इसकी लम्बाई 4500 फुट है। इस गुफा की तुलना विश्व की सबसे लम्बी गुफा ' कल्सेवार ऑफ़ केव ' (अमेरिका) से की जाती है। इस गुफा की खोज 1950 के दशक में भूगोल के प्रोफेसर डॉ. शंकर तिवारी ने कुछ स्थानीय आदिवासियों की मदद से की थी। इस गुफा को पहले गोपनसर (छिपी हुई गुफा)कहते थे जो बाद में कुटुमसर गाँव के नजदीक होने से कुटुमसर गुफा के नाम से प्रसिद्द हुई। इस गुफा में रंग–बिरंगी अंधी मछलिया पाई जाती है जिन्हे प्रोफेसर के नाम पर कप्पी ओला शंकराई कहते है।(साभार - विकिपीडिया)।

गुफा का मुहाना किसी तंगदिल इंसान के दिल के दरवाजे जैसा ही तंग है। यह बाहर से तो बहुत संकरा है पर अन्दर जितनी जगह अपनों के लिए है उसका अंदाजा लगा पाना मुश्किल है। बाहर से देखने पर गुफा की विशालता का अंदाजा लगा पाना बहुत ही मुश्किल है.. इस जानकारी के बाद भी जब आप स्वयं अंदर उतरेंगे तभी आपको इसका सही-सही अंदाजा हो पाएगा। गुफा के मुहाने से ही, पहले लगभग 60 फुट की गहराई पर उतरना होता है। रास्ता बेहद दुष्कर है। एक बार में केवल एक व्यक्ति ही अंदर जा सकता है। अंदर घुप्प अँधेरा है। हमारे साथ जो दम्पति थे, उनमें से अंकल जी तो रास्ते की कठिनाई को देखकर ही अंदर नहीं गए। थोड़ी शिकायत उन्हें अव्यवस्था से भी थी। नीचे उतरते ही गुफा की विशालता दिखाई देती है। गुफा इतनी विशाल है कि एक साथ कई–कई हाथी इसमें समा जाएं। हम अब तक जिन गुफाओं तक गए हैं या जिनके बारे में सुना है, वे इसके सामने केवल छोटी कंदरा से प्रतीत होते हैं। अंदर उमस और नमी की अधिकता है। घबराहट के चलते कुछ लोगों को साँस लेने में भी दिक्कत होती है। जैसे-जैसे आगे बढ़ते हैं प्रकृति की कलाकारी का नमूना दिखने लगता है। "जो कहीं मूर्तिकार बनकर चूने के पत्थरों से सुंदर स्तंभ बनाती है। तो कहीं दीवारों पर चित्रकारी बन अद्भुत चित्र। कभी विश्वकर्मा बन ऊंचे–ऊंचे मंदिरों से मेहराब गढ़ती है तो कभी जलधारा बन अपने में असंख्य जीवों को पनाह

देती है।" जब-जब लाईट दूर चली जाती है तब अंधेरे की भयावहता का एहसास होता है। किसी कलुषित मन-सा घुप्प अँधेरा जहाँ ज्ञान सूर्य का प्रकाश हजारों सदियों से नहीं पहुँचा है। आगे बढ़ने पर कई प्रकार के नज़ारे देखने को मिलते हैं।

कहीं अपने इस अंधमहल को संवारने के लिए प्रकृति ने झूमर लगाए हैं, तो कहीं लोगों के भटकाव को रोकने के लिए रास्ते पर ही दीवारें बनी हैं। जगह-जगह पर पहाड़ों से रिसता हुआ पानी भरा है। इसमें अंधी मछलियों का बसेरा है। जितना आगे बढ़ते जाते हैं, गुफा उतनी ही बड़ी हो जाती है। बीच-बीच में गाईड विशेष जगहों के बारे में बताते चलता है। गाईड ने एक जगह बताया कि यहाँ गुफा के अंदर एक और गुफा खोजी गई है, जिसकी लंबाई लगभग 400 मीटर है। यह सन् 2022 से आम लोगों के लिए खोल दी जाएगी। गुफा में चारों ओर पानी के रिसाव से चूने की ऊंची चमकीली दीवारें बन गई हैं, जिनकी चमक इंसान की आवाजाही से फीकी होती जा रही है। गुफा के आखरी छोर पर कुछ पत्थर उभरे हुए हैं, इन्हें यहाँ के लोगों ने शिव लिंग का रूप दे दिया है। यह तो वैसा ही लगा जैसे हर पहाड़ की ऊंची चोटी पर मंदिर बना देना। रास्ते की दुर्गमता आस्था के सहारे कट जाती है। भारत के धार्मिक प्रवृत्ति के लोग इन्हीं धार्मिक भावनाओं के वशीभूत हो घर से बाहर निकलकर दुनिया देख तो लेते हैं। गुफा के आखिर से लौटते-लौटते अंधेरे की आदत सी होने लगती है। इसी डर से छटपटाता मन बाहर की रौशनी के लिए तड़प उठता है। सांसे भर आती हैं और अंधेरे से मन भी भर जाता है। बाहर निकलते-निकलते माथे पर पसीना उभर आता है।

यात्रा में लोगों से जुड़ना ज़रूरी होता है। हमसे जुड़ाव के चलते हमारे टीम के सदस्य गाड़ी के पास हमारा इन्तजार कर रहे थे। बैठने के बाद गाड़ी सरपट भागने लगी हम जंगल और उसके अंदर के गाँव को निहारते जंगल से रुकसद हुए। पहले ही गेट पर तीरथगढ़ जाने के लिए हम थोड़ी देर के लिए बने परिवार को अलविदा कहते हुए अलग हुए।

कुगटुमसर का अंधेरा और उजाले में साथी

5

तीरथगढ़ एवं चित्रकोट जलप्रपात

दिनाँक

25/12/2018

अनिश्चितता और साधन विहीनता की हमारी असली परीक्षा अब शुरू हुई। मैं और सुनील चन्द्रवंशी तीरथगढ़ जाने वाले रास्ते पर जिस जगह खड़े थे, वहाँ से आगे जाने का कोई साधन न था। पास ही वन विभाग का चुंगी नाका है। हम दोनों वहाँ गए। कर्मचारियों से पूछने पर उन्होंने बताया कि तीरथगढ़ तक जाने के लिए सुबह साढ़े सात बजे बस निकल चुकी है। पर चिंता की कोई बात नहीं यहाँ कई टूरिस्ट गाड़ियां चलती रहती हैं। जिस गाड़ी में कम लोग होंगे और बैठने की जगह होगी उसी में आपको बिठा देंगे। हम बैठे अपनी दुविधा पर चर्चा कर रहे थे। हमारी दुविधा ये थी कि हमें आज रात रायपुर के लिए वापस निकलना होगा। उससे पहले हमें तीरथगढ़ जाना है, वहाँ से लौटकर जगदलपुर से कमरा खाली कर चित्रकोट जाना है यह सब शाम से पहले-पहले। यही चर्चा हो रही थी कि फॉरेस्ट विभाग के एक भाई साहब मिल गए। उन्होंने अपनी मोटरसाइकल से हमें तीरथगढ़ तक छोड़ने की पेशकश की। हमारी तो स्थिति अंधा क्या मांगे दो आँखें वाली थी। मुंह मांगी मुराद पूरी हो गई। हमने लपक कर लिफ्ट ले लिया। इस तरह एक बाइक

पर तीनों सवार होकर चल पड़े। रास्ते में उनसे कुछ ही बातें हो पाईं। उन्होंने बताया कि वह स्थानीय ही हैं और तीरथगढ़ में आज उसकी ड्यूटी है। हमें वापस आने के लिए तीन बजे लौटने वाली सिटीबस की जानकारी दी। बस इतनी ही बात में हम झरने के रास्ते वाले छोर तक पहुँच गए। इस भले मानुष को धन्यवाद दिया और झरने की ओर चल पड़े। बाइक से आने का एक फायदा यह हुआ कि हम बहुत कम समय में यहाँ पहुँच पाए। अगर बस से जाते तो हमें रास्ते का पूरा चक्कर लगाकर लगभग 2 किलोमीटर घूमकर पार्किंग तक पहुँचना होता। वह समय बच गया।

उतरते ही पहले कुछ खाने के प्रबंध की चर्चा हुई।सुबह से बिना कुछ खाए, बिना ब्रश किए ही निकल पड़े थे। मैं ब्रश करने लगा और सुनील कुछ नाश्ता लाने पार्किंग तक चला गया। झरने के ऊपरी पठार पर ही नहाना तय हुआ। यहीं पर कुछ शिक्षक साथियों से मुलाकात हुई जो दुर्ग और कुरूद से थे। वहाँ की शालाओं के बारे में चर्चा करते-करते नहाने लगे। कुरूद के पूसेरा ग्राम की एक शासकीय शाला बहुत अच्छी है। फेसबुक में वहाँ की तस्वीरें देखी और समाचार से जिस बारे में हमने जाना है, उसकी तारीफ यहाँ मिले साथियों से भी सुनी। कुछ और साथी ठंड में धूप सेंक रहे थे। साथ ही "बस्तर बीयर" के घूंट ले रहे थे। जिन्दगी में सभी प्रकार के स्वाद होने चाहिए और लोगों के खाने-पीने की आदतों पर किसी की रोक-टोक नहीं होनी चाहिए। खासकर वे स्वाद जिनकी इजाज़त हमारे देश का संविधान हमें देता है। आज माहौल ऐसा बन गया है कि लोग खुलकर कुछ खा-पी भी नहीं पा रहे हैं। मैं खुद शाकाहारी हूँ पर अगर कोई मांस खाता है तो उससे मुझे कोई एतराज नहीं। कभी अगर मुझे रुचि हुई तो हो सकता है मैं भी इसका सेवन करूँ पर किसी दबाव से कुछ खाना या कुछ खाना छोड़ देना मेरे विचार से दोनों उचित नहीं है। नहाने के बाद सर ने जो फ्रूटी की बोतल लाई थी–उसे और हमने जो मुर्रे की चीकी कुटुंसर में खरीदी थी, उसे लेकर खाने बैठे। बैठे ही थे कि एक बंदर हमारी ओर लपक पड़ा।मुठभेड़ की आशंका देख हमने चीकी उसी के हवाले कर फ्रूटी हम गटक गए। बाद इसके हम झरने के पास गए। क्या अद्भुत नजारा है। गुफा के नरक के से अंधेरे से निकलकर

हम स्वर्ग से झरते रोशनी के दूध–से सफेद झरने के पास गए। यहाँ चारों तरफ वादियों का अद्भुत नज़ारा देख जी तो करता है ऐसी जगह में ही मर जाएँ। हाँ कुछ लोग मर भी जाते हैं।सुंदरता यहाँ ख़तरा भी है। सेल्फी के चक्कर में चट्टानों से ज्यादा नज़दीकी घातक भी हो सकती है। झरना ऊपर से लगभग सौ फुट की ऊंचाई से गिरता है। एक चूक से मौत भी हो सकती है। खैर थोड़ी सावधानी बरतते हुए हमने भी कई तस्वीरें ली। वहाँ से पार्किंग के पास पहुंचे।

एक टपरी में भजिए का नाश्ता किया और बिना समय गंवाए नीचे चल पड़े झरने की सुंदरता निहारने। रास्ते भर बंदरों से हम आतंकित रहे। कुछ खाने की सामग्री इनसे नहीं छुप सकती। ऊपर से इनके काट लेने का डर। भयभीत लोग खुद ही अपना सामान फेंककर इन्हें दे देते हैं। सीढियों से नीचे पहुँचने पर झरने की सुंदरता का असली नज़ारा दिखता है। सीढ़ीदार चट्टानों से झरझर झरता पानी वादियों में अलौकिक संगीत घोलता रहता है। चट्टानों पर टकराकर टूटती दूध सी जलधारा, जल की असीम शक्ति और उस शक्ति की सुंदरता का भान एक साथ ही करा देती है। हम इंसान भी इतने दोगले हो गए हैं कि एक ओर जिसका संरक्षण हमें करना चाहिए, उस अमूल्य जल को प्रत्यक्ष या परोक्ष रूप से हम प्रदूषित कर रहे हैं। अपने आसपास की नदियों को नालों में बदलने पर आमादा हैं। दूसरी ओर इन्हीं नदियों की खूबसूरती हमें खींचकर सैकड़ों किलोमीटर दूर ले आती है। काश! सब अपने आसपास इस जल का संरक्षण करते। हमें तो अपने जिले की जीवनदायिनी संकरी नदी याद आती है। आज से दस–बारह साल पहले इस नदी का जल कभी सूखता नहीं था, इसके प्राण भी अब सूख चुके हैं। मुख्य कारण हमारा लालच है। एक बार कहीं समाचार पत्र में छपा था –चालीस किलोमीटर की संकरी नदी पर चालीस से ज्यादा स्टाप डेम हैं। अब ऐसे में नदी मर जाए तो अचरज कैसा ? नदी पर कई पुल बन गए हैं। बस अब नदी बहती नहीं।

यहाँ मुख्य झरने के नीचे कई और झरने हैं। बीच में एक टापू–सा है। इस जगह कई छोटे–बड़े मंदिर हैं। फिर दूर तक वादियां फैली हैं। जी तो करता है कि यहाँ घंटों तक बैठे स्वर्ग से नीचे आती गंगा जैसी जलधारा को अपलक निहारते रहें किन्तु समय की कमी ने हमें झकझोर कर झरने

की माया से आज़ाद करा दिया। बहुत सी जगहों पर फोटोशूट के बाद हम पुनः ऊपर आए और यहां से आगे जाने का निश्चय किया। दूर रास्ते पर खड़े ऑटो को देखकर हम रास्ते की ओर दौड़े। आवाज दिया पर झरने की झरझर में आवाज़ कहीं खो गई और ऑटो निकल गया। रास्ते पर आकर कई गाड़ियों को हाथ दिखाते रहे पर कोई लिफ्ट देने के लिए तैयार नहीं हुए। कुछ बस में भी हमारे लिए जगह नहीं थी या शायद उनके दिलों में। खैर हमने चलना और कोशिश करते रहना तय किया। यहाँ से कुटुमसर गुफा का गेट लगभग तीन किलोमीटर है। पैदल चलकर ही पहुँचा जा सकता है । समय की कमी बस खल रही थी। रास्ते में न रुकने वाली गाड़ियों को कोसते हुए हम चलते रहे। तभी एक भाई फिर मिल गए। हाँ ये भी मोटर साइकिल पर ही थे। रुकने के लिए धन्यवाद कहते हुए इनकी गाड़ी पर सवार हुए। एक स्वर में हम दोनों ने कहा "गाड़ी भले ही छोटी हो पर दिल हमेशा बड़ा होना चाहिए"। भाई साहब ने हमें रास्ते तक छोड़ दिया। जितना हमने कहा था, उससे आगे जहाँ गाड़ी आसानी से मिल जाए। हमने उनके साथ सेल्फी ली। उन्होंने भी मुस्कुराहट के साथ कहा कि ज़िन्दगी किसी मोड़ पर फिर टकराई तो फिर मिलेंगे। कभी–कभी अपनेपन के दो शब्द ही दिल को छू जाते हैं जबकि हम दोनों को ही पता है कि फिर मिलना और पहचान होना नामुमकिन–सा ही है। फिर भी उनकी इस सहायता के लिए हम सदा आभारी रहेंगे। ऊपर जिस अनिश्चितता और संभावना का जिक्र, हुआ है वो इन मुलाकातों के लिए ही थी। गौरतलब है कि जिन लोगों से पहले हमने लिफ्ट मांगी थी वो बस्तर के बाहर के थे और जिनसे हमें लिफ्ट मिली वो बस्तर के थे। इस बात से आप खुद ही बस्तर के प्रेम का अंदाजा लगा सकते हैं। कांगेर वेली राष्ट्रीय उद्यान का सफर यहीं रुका। बस आई और हम जगदलपुर की ओर चल पड़े।

जगदलपुर आते–आते चित्रकोट की समय–सारिणी के बारे में कई लोगों से पूछा। ताकि वहां से वापसी का समय तय किया जा सके। जगदलपुर पहुँचते ही कमरा खाली किया। लॉज के अंकल से वहां जाने के लिए गाड़ी का पता पूछा और ऑटो से हम वहां के लिए निकल पड़े। पहुँचते ही लोगों से खचाखच भरी खचाड़ा जीप दिखी। चूँकि हमें समय

बचाना था तो जो गाड़ी पहले मिले उसी में जाना उचित था। इसी जीप में बैठना तय हुआ। ड्राइवर ने मुझे अपनी सीट पर बिठाया। सुनील पीछे लटका। मेरा बैग गाड़ी के सीसे पर लटका ड्राइवर भी जीप से लटका हुआ सा बैठा और जीप दौड़ पड़ी। हमारे आखरी पड़ाव की ओर। रास्ते में लोग उतरते गए। सभी बस्तर के भोले–भाले लोग थे। ऐसी गाड़ियों में भला कौन पर्यटक सफर करेगा..? लगभग 50 किलोमीटर लम्बा रास्ता है हम 3:30 बजे बैठे और लगभग 4:20 बजे चित्रकोट पहुंचे। ज्यादा नज़ारों पर गौर कर पाते ऐसी हालत न थी। चिंता तुरंत ही वापस आने की थी। जीप वाले से पता चला था कि साढ़े पांच के बाद वापसी के लिए गाड़ी मिलती नहीं। पर वहाँ पहुँचते ही चिंता फुर्र हो गई। कई गाड़ियां थीं। ऑटो न भी मिले तो लिफ्ट का मिलना तो तय ही था, यह आत्म विश्वास आज के गुडलक से जगा हुआ था। जीप वाले ने एक छोटा हाथी वाले को हमारे वापसी की जिम्मेदारी सौंपी। आधे घंटे का टाईम मिला। किसी की खुशामद करने से अच्छा आधे घंटे घूमकर इसी छोटा हाथी से लौटना तय हुआ।

गाड़ी से उतरते ही सीधे भारत के सबसे चौड़े जलप्रपात चित्रकोट जलप्रपात जिसे भारत का नियाग्रा भी कहा जाता है, के पास पहुँचे। क्या अद्भुत नज़ारा है यहां का ! अनंत जलराशि, एक साथ दनदन के स्वर में लगभग पचास–साठ मीटर की ऊंचाई से गिर रही है। शाम होते–होते यह नज़ारा स्वर्णिम हो जाता है। जब डूबते सूरज की लालिमा झरने के जल और आसपास की चट्टानों पर पड़ती है, तो पूरी छटा सुनहरे रंग से दमक उठती है। हम काफी देर तक यहीं बैठे रहे झरने को निहारते..। एक किनारे पर खड़े हो अनगिनत तस्वीरें उतारते। यहाँ समय की कमी के चलते नौका विहार की ख्वाहिश अधूरी रह गई। खैर अच्छा ही हुआ, इस खूबसूरत "रहस्यों की धरती बस्तर" दोबारा आने का कारण तो बच गया। जो कमी हमेशा अपनी ओर खींचे वही कमी तो कमी है। यहाँ आसपास हमेशा मेले–सा माहौल रहता है। बस्तर आर्ट एंड क्राफ्ट के काफी समान आसपास की दुकानों पर मिलते हैं। थोड़ा उधर भी घूमना लाज़मी है। एक जगह आई लव बस्तर लिखा है जो हर बस्तर जाने वाले के मन की बात है। वहाँ हमने कुछ तस्वीरें ली। फिर गाड़ी के पास पहुँचे।

कोई सवारी नहीं होने के कारण गाड़ी और थोड़ी देर रुकने वाली थी। हम फिर नदी किनारे पहुँच गए और उसके निर्मल जल में पाँव पसार कर उसकी ठंडक को दिल में बसा लिया। थोड़े समय बाद गाड़ी वाले ने आवाज दी। शाम ढलते–ढलते हम चित्रकोट को अलविदा कहकर वापस जगदलपुर की ओर चल पड़े।

जगदलपुर पहुँचकर वहाँ राजमहल स्थित माँ दंतेश्वरी के दर्शन किए। राजमहल के वैभव से भी परिचित हुए। बस्तर की शालीनता यहाँ के राजमहल में भी साफ परिलक्षित होती है। बाज़ार में टहलते हुए बस स्टैण्ड पहुँचे। गाड़ी का टिकट किया फिर भोजन कर देर तक बस्तर की यादों पर चर्चा हुई। सिर्फ दो दिनों की ये पहचान बस्तर से जन्मों का रिश्ता जुड़ा होने जैसा लग रहा था। ऐसा होना भी जायज़ है। इंसान जीवन में क्या तलाशता है? दो वक्त की रोटी और शांति से जीवन निर्वाह। उसके आगे के सारे वैभव तो अनचाहे ही हैं। वैभव इंसान समाज की देखादेखी ही जुटाने लगता है। परन्तु यहाँ बस्तर में और हमारे यहाँ भी आदिवासियों के जीवन की कुल जमापूंजी केवल चैन की नींद और भर पेट खाने से ज्यादा कभी नहीं रही और न होगी। बस बस्तर की यादों में खोए हुए हम घर पहुँचे।

रहस्यमयी बस्तर- तीरथगढ़,चित्रकोट जलप्रपात और मददगार
साथी

देवभूमि उत्तराखंड-छोटा चारधाम

ये यात्रा क्या है... यात्रा है खुद को दूसरों में ढूंढने की यात्रा, लोगों को उनकी वास्तविकता में जानने समझने की यात्रा। यात्रा, उन स्थानों की जिनके बारे में बहुत सी किंवदंतियां सुनी और पढ़ी हैं। यात्रा उन किंवदंतियों से उनका सच जानने की। यह देखने की यात्रा कि भगवान जो सर्वव्यापी है, हर जगह निवास करता है, दरसल वहाँ क्या है, जिसे लोग उसका घर कहते हैं और कई नामों से जानते हैं। वैसे मैं काफी हद तक इंसानियत को ही देवत्व मानता हूँ। और अपनी आस्था भी उसी पर रखता हूँ। फिर भी मुझे कोई समस्या नहीं कि कोई राम, शंकर, ईसा, मुहम्मद, को पूजे। मुझे तो उपासना लोगों की आस्था में ही दीखती है। वही आस्था जो लोगों को हिंसा करने से रोके, भूखों को भोजन कराए, जरूरतमंदों को उनकी आवश्यकता की चीजें उपलब्ध कराए, बेसहारों का सहारा बने। ये सारी बातें ही इंसानियत है। इंसान बनने की यात्रा ही यात्रा है।

6

यात्रा प्रारंभ

पहला दिन

दिनाँक 09/05/2018

बिलासपुर

आज यात्रा का पहला दिन है और ये यात्रा क्या है... यात्रा है खुद को दूसरों में ढूंढने की यात्रा, लोगों को उनकी वास्तविकता में जानने समझने की यात्रा। यात्रा, उन स्थानों की जिनके बारे में बहुत सी किंवदंतियां सुनी और पढ़ी हैं। यात्रा उन किंवदंतियों से उनका सच जानने की। यह देखने की यात्रा कि भगवान जो सर्वव्यापी है, हर जगह निवास करता है, दरसल वहाँ क्या है, जिसे लोग उसका घर कहते हैं और कई नामों से जानते हैं। वैसे मैं काफी हद तक इंसानियत को ही देवत्व मानता हूँ। और अपनी आस्था भी उसी पर रखता हूँ। फिर भी मुझे कोई समस्या नहीं कि कोई राम, शंकर, ईसा, मुहम्मद, को पूजे। मुझे तो उपासना लोगों की आस्था में ही दीखती है। वही आस्था जो लोगों को हिंसा करने से रोके, भूखों को भोजन कराए, जरूरतमंदों को उनकी आवश्यकता की चीजें उपलब्ध कराए, बेसहारों का सहारा बने। ये सारी बातें ही इंसानियत है। इंसान बनने की यात्रा ही यात्रा है।

कहीं जाने से पहले घर ज्यादा प्यारा हो जाता है और जाने से पहले वाली रात लंबी। रात के लंबा होने का कारण नई जगह को जानने की उत्सुकता और अपने प्रियजनों से, अपने घर से कुछ दूर जाने का

भावनात्मक अहसास होता है। कल से ही खबरें आ रही थीं कि उत्तरी राज्यों में भयंकर तूफान आने वाला है। केदारनाथ यात्रा भारी बर्फबारी के कारण रोक दी गई है। कल जब ये समाचार टेलीविजन पर आया, मैंने चैनल बदल दिया ताकि घर वालों में कोई डर पैदा न हो। उम्मीद है ये तूफान हमारे वहाँ पहुँचने तक शांत हो जायेंगे। एक अच्छा मौसम हमारे इंतज़ार में खड़ी होगी।

यात्रा तो पहले से तय थी परन्तु टिकट लेने में देरी की वजह से वेटिंग ही हाथ लगी। छुट्टियों का सीजन होने से तय था कि सीट का मिल पाना मुश्किल है। कुछ साथियों के आरएसी टिकट थे। उन्हीं के साथ व्यवस्था में चल रहे हैं। अपनी सीट का तो कोई ठिकाना नहीं। मिली तो मिली, नहीं तो इधर–उधर खाली सीट ढूंढते रास्ता कटेगा। पता नहीं कब हमारे देश के रेल में हर यात्री के लिए सीट की व्यवस्था हो पाएगी। खैर रेल्वे का गुणगान करने का मेरा कोई इरादा नहीं है। क्योंकि हम भारतीय दोहरी जिंदगी जीते ही हैं। जो होना चाहिए उसे हो रहा मानते हैं और उसी में खुश हो जाते हैं। फिर सबमें इंसानियत भी कूट–कूट के भरी है। एक दूसरे की तकलीफें बांटते रास्ता कट ही जाता है। जुगाड़ के आविष्कारक देश भी हम ही हैं। मौका देखकर इसे जमा लेते हैं। अभी ऐसी जगह में दो लोग लेटे हुए हैं, जो पहले तो हमें मिली नहीं पर है खाली। दूसरा यहां लेटा होना किसी बंद कमरे में होने का एहसास दिला रहा है। दोपहर में खाना खाकर मिनी भारत में सवार हुए थे। रात का खाना साथियों के साथ मिल बाँटकर खाने में मजा आ गया।

दूसरा दिन

दिनाँक – 10/05/2018

कलिंग उत्कल एक्सप्रेस

यात्रा का दूसरा दिन है। वैसे दिन बदला ही नहीं, रात तो आँखों–आँखों में कट गई। जो जगह मिली थी वो दो लोगों के लिए बिल्कुल पूरी नहीं थी। ऐसे मे दोनों के जागते रहने से अच्छा था एक का सो जाना इसलिए मैं ऊपर के बर्थ से नीचे आ गया। पहले तो थोड़ी देर टहला फिर नींद सताने लगी।चादर निकालकर ज़मीन पर लेट गया, ज़मीन क्या थी जलजले में थरथराते भूखंड का टुकड़ा। यहां सोने का

अनुभव ही मुझे मेरी सही जगह दिखाते हुए लग रहा था, जमीन का आदमी जमीन पर। फिर रात भर कोई न कोई इधर –उधर से आते रहे सिवाय एक नींद के। रात करीब 1:00 बजे तक तो यही हाल रहा। उसके बाद कब 5:00 बजा पता ही नहीं चला। मैंने चादर उठाई और योगी सर की सीट पर आ बैठा और सुबह का नज़ारा देखने लगा। हम लगभग ललितपुर के आसपास थे। तभी खिड़की से दूर रेत के टीलों पर कंटीली झाड़ियों के बीच हमारा राष्ट्रीय पक्षी मोर दिखाई दिया। मैं और हितेश ललितपुर स्टेशन पर उतरे। यहाँ एक खूबसूरत पीले फूलों से लदे अमलतास के पेड़ के पास लड़कों वाले चिर–परिचित अड़ियल पोज में खड़े होकर आज के फोटोग्राफी का श्री गणेश करते हुए सेल्फी ली। बोतलों में पानी भरकर ऊपर चढ़े। फ्रेश हुए और चर्चा चलने लगी कि रेल जिस तरह बैलगाड़ी की रफ्तार से चल रही है, इस पर एक चाचा ने कहा–भैंसागाड़ी बोलो, बैल तेज चलते हैं। यह गाड़ी भैंसागाड़ी जैसी चल रही है।

बबीना स्टेशन के आसपास प्रशिक्षु टीसी लोगों की फौज आई और सारे अनाधिकृत यात्रियों को वहीं पर उतार दिया। हमसे भी कड़ी पूछताछ हुई। हमारे पास वेटिंग वाली काउंटर टिकट थी। हमने खैर मनाई और हंसते हुए चल पड़े। भूख लग गई थी, हमने मठरी से नाश्ते की शुरुआत की जो खुर्मी (छत्तीसगढ़ी पकवान) में जाकर खत्म हुई। फिर थोड़ी देर इधर–उधर घूमने के बाद शिक्षक मित्र पारसमणी शर्मा से फोन पर बात कर 'उमंग[1]' की खोजखबर ली। हमसफ़र विरेंद्र, प्रेमीश सर की अनुपस्थिति पर भी काम चलता रहे मैंने यही आकांक्षा व्यक्त की तब उन्होंने मुझे आश्वस्त किया। कुछ तस्वीरें फेसबुक में शेयर की। अरे भई, दुनिया भी तो जानें हम यात्रा पर हैं। बाक़ी साथियों से लाइक की प्रतिस्पर्धा में आगे भी तो निकलना है। इसके साथ ही सोशल मीडिया की कुछ चुगली करने लगे। फिर बैठे–बैठे ही एक झपकी ली।ग्वालियर कब गुज़रा पता ही नहीं चला। अब गाड़ी राजस्थान के स्टेशन धौलपुर पहुंचने वाली है.. उससे पहले बहुत बड़ा रेगिस्तानी टीलों का इलाका आया। कुछ तस्वीरें यहाँ की भी ले ली।

हमने खाना कल दोपहर में ही खाया था। भूख लगने लगी थी। रेल का खाना खाने के सिवाय कोई चारा न था। दूरदर्शन में समाचारों में लाख उपभोक्ता जागृति अभियान चले, स्टेशनों पर चाहे जितना भी लिखा हो कि तय दर से ज़्यादा न दें। किन्तु रेल में तो हर चीज तय दर से ज्यादा होती है। हम अपने राज्य में कही भी 120 रुपए में भरपेट और अच्छी गुणवत्ता का खाना खा सकते हैं। ट्रेन के खाने का क्या कहिए? आप बोलेंगे शिकायत क्यों नहीं की तो किस–किस चीज की शिकायत करें। क्या शिकायत करने पर ही सही चीज उपलब्ध होगी? अभी जब मैं यह लिख रहा हूँ तब साथीगण मस्त हैं ताश की पत्तियों में और मैं लिखने में। आगरा, मथुरा भी पार हो चुके हैं। दिल्ली अब भी दूर है।

दिल्ली भी निकल चली है। अब फिर से उत्तरप्रदेश में हैं। ट्रेन काफी खाली हो चुकी है। तेज गर्मी में एक दो झपकियाँ और हो गई। ट्रेन की बोगी में ही दो नन्हें दोस्त भी बने हैं मनप्रीत और मंटू। दोनों बहनें अपने मम्मी–पापा के साथ हरिद्वार, शिमला, मनाली और हेमकुंड साहब के ट्रिप पर हैं। ये बच्चे काफी चंचल, उत्साही और मिलनसार हैं। दोस्ती इन्हीं की ओर से शुरू हुई। इनके साथ गप्पें काफ़ी देर तक चलीं। कुछ साथी सोए हैं, कुछ ताश की पत्तियों में मस्त हैं। मुजफ्फरनगर भी गुज़र चुका है। कुछ और तस्वीरें ली गई हैं। देवबंध, टपरी भी निकल चुके हैं। ट्रेन की चाल कुछ धीरे हो गई है और हम सब अधीर। दरवाजे पर पूरी टोली जमी हुई है। बाहर चारों ओर गन्ने के खेत और लोगों द्वारा अपनी मतलब से लगाए पेड़ नज़र आ रहे हैं। पेड़ किसी भी तरह लगाए गए हों, बहुत ही अच्छा काम है। कम से कम स्वार्थ से ही सही पर्यावरण सुरक्षा का काम तो हो रहा है। हमारा दल गेट तक आ गया है। गाड़ी रुड़की पहुँच चुकी है। सभी लोग इस शहर को लेकर अपना–अपना सामान्य ज्ञान दिखाने लगे हैं। यह प्रसिद्ध एजुकेशन हब है। भारत का पहला आईआईटी यहाँ है। रेल से उतरने की बेताबी अब चरम पर है। ट्रेन बहुत धीमे हो चुकी है। अब ट्रेन लगभग पैदल चलने की गति से चल रही है। हम हरिद्वार पहुंच चुके हैं। यहाँ हमने एक होटल का आश्रय लिया। इरादा तो बस खाना खाकर सो जाने का है।

1. नन्हे दोस्त ,2 . ट्रेन रुकने के इंतजार में साथी , 3. ललितपुर में सेल्फ़ी

7

हरिद्वार

दिनाँक– 11/05/2018

स्थान – हरिद्वार

कल रात होते-होते काफी देर हो चुकी थी। सुबह कब हुई पता ही नहीं चला। सुबह होते ही सब दैनिक क्रिया से निवृत्त हुए और सब निकल पड़े "हर की पौड़ी" घाट के लिए । हरिद्वार का सबसे खास आकर्षण अगर कोई है तो हर की पौड़ी। इसी के आसपास सारी धर्मशालाएँ और लॉज स्थित हैं ।जानकारी के अभाव या कहें थोड़ी जल्दबाजी में हमने काफी दूर रूम किराए से ले लिया था। पहुँचते ही सब गंगा की निर्मल धारा को देखकर भावविभोर हो गए । हम सीधे घाट पर पहुँचे और ठंडे गंगाजल में डुबकियाँ लगाने लगे । कई फ़ोटो भी लिए क्योंकि अब यात्रा का प्रमुख कार्य डीपी के लिए फ़ोटो और स्टेटस के लिए सेल्फी का होना परम आवाश्यक है। फिर भी अब तक हम सेल्फी और डीपी वाले स्तर के यात्री नहीं हुए हैं।

स्नान के बाद हम रूम आए। कपड़े पहन खाना खाने निकले। आगे घूमने का कार्यक्रम वहा से ही तय हुआ। खाने के बाद काफी देर तक आपसी परिचर्चा हुई। यहाँ पूरा हरिद्वार घूमें या फिर कुछ विशेष जगह ही। जिससे शरीर थके भी न क्योंकि बड़ी लंबी यात्रा अभी बाकी है। अभी तो कहें यात्रा की शुरुआत ही हुई है। तय हुआ, हम मनसा देवी माता के मंदिर जाएँगे लेकिन कैसे? उड़न खटोले से या पैदल? उड़न खटोले की

लंबी वेटिंग ने पैदल यात्रा का चुनाव करने पर विवश कर दिया। तेज धूप और गर्मी में आपसी चर्चा और हँसी मज़ाक करते हम पहाड़ी पर पहुँचे। यहाँ मनसा देवी माता का दर्शन लाभ लिए। अरे हां, एक बात तो बताना ही भूल गया। यहाँ हमें कुछ लड़कियां मिलीं जो स्कूल से आने के बाद नारियल बेंच रही थीं। बांतें करने में काफी चंट थीं। हमारे ग्रामीण बच्चे बहुत जल्दी किसी से बात नहीं करते। शायद हमें इसीलिए ये बच्चे ज्यादा चंट लगे।

मंदिर से आने के बाद सबने आराम करने का निश्चय किया क्योंकि और कहीं घूमने से गंगा आरती छूट सकती थी। देर से पहुँचने के कारण जगह मिलने में दिक्कत हो सकती थी। इसलिए सबने थोड़ा आराम किया फिर गंगा किनारे के रास्ते से फोटोज़ की झड़ी लगाते हुए हर की पौड़ी पहुँचे। भीड़ तो देखने लायक थी। हमें एक अच्छी जगह मिली जहाँ से गंगा आरती का नजारा बेहद खूबसूरत था। हम वहीं कुंडली मार कर बैठ गए। कुछ साथी जो लॉज के कमरे में थे। हमसे वे पीछे छूट गए थे। यहाँ पहुँचकर उन्होंने जगह की कमी महसूस की। बजाय उनके हमने बहुत अच्छे से आरती का आनंद लिया। बस एक बात हम सबको खटकी ये कि पहले अच्छा माहौल बनाया गया। जब सब भक्ति में सराबोर हो चुके थे। तभी भीड़ को चीरते कुछ गार्ड सामने जा खड़े हुए। ये वही थे जो कुछ देर पहले तनिक भी ज़मीन खाली दिखने पर दूसरे को बैठाने की बात कर रहे थे। अब इन्होंने गंगा सभा ट्रस्ट का व्योरा दिया और आरती के अलग–अलग खर्च बताए। दानदाताओं से राशि आमंत्रित की जो इक्कीस सौ, ग्यारह सौ, पाँच सौ, और एक सौ तक थी। खैर यहाँ तक कोई समस्या नहीं थी। हमारे पास ही एक दादी थी जिन्होंने चालीस रुपए दिए और उस गार्ड ने मना कर दिया और बाक़ी के पर्चे दुहराए। पास बैठे दादा जी ने दादी को मना किया और दोनों चुप बैठ आरती देखने लगे। शायद उन्हें बुरा लगा होगा कि उनके दान को कोई महत्व नहीं दिया गया। वे काफी मायूस भी थे। पास ही रूसी पर्यटक भी थे जो फ़िल्म बना रहे थे जैसा हमारे दोस्त हितेश से बातचीत में उनमें से एक ने बताया। वे इस संस्कृति को प्रचारित करना चाहते हैं और चाहते हैं कि दुनिया ज्यादा अच्छे से भारतीय कल्चर को समझे। उनसे भी इन तथाकथित सुरक्षा

कर्मियों ने काफी अभद्रता दिखाई। एक गार्ड ने तो यहाँ तक कह दिया कि सौ रुपए दान करते नहीं, जगह घेर के खड़े हैं। उसने क्या और कितना समझ के बोला ये तो वही जाने। हम सब को उसका व्यवहार बहुत बुरा लगा।

खैर अब बस आरती शुरू ही होने वाली थी। मैंने भी कैमरे तान दिए। आरती बहुत शानदार हुई। आरती के बाद सब एक जगह इकट्ठे हुए और बाज़ार के रास्ते लॉज तक पहुंचना तय हुआ। बीच में हमने मलाई लस्सी का मजा लिया। इधर भारी भीड़ ने हम सबको अलग कर दिया था। लॉज में हम सब पुनः इकट्ठे हुए। फ्रेश होकर सबने खाना खाया। कल की योजनानुसार हमने छोटा चार धाम यात्रा के लिए गाड़ी बुक कर ली। कल सुबह हमारी यात्रा प्रारम्भ होगी।

हरिद्वार गंगा आरती और हम

8

हरिद्वार से बड़कोट

दिनांक – 12/05/2018

स्थान–बड़कोट का रास्ता

अभी जब मैं लिखना शुरू कर रहा हूँ बड़कोट से लगभग आठ किलोमीटर की दूरी बची है। गाड़ी में अन्य सभी साथी गप्पें लड़ा रहे हैं। इधर यमुना के किनारे का टेढ़ा–मेढ़ा रास्ता बार–बार अपनी तुलना हमारे गृह जिले कबीरधाम की चिल्फी घाटी से करा रहा है। दूर बड़कोट की लाइटें ही तारों जैसे चमक रही हैं। खैर यहाँ की विस्तृत चर्चा पहुँचकर ही करेंगे। आज सुबह की शुरुआत ही बहुत आनन्ददायक हुई। जिसे हमारे मित्र हितेश केशरवानी जो इंग्लिश के शिक्षक हैं, ने इलेक्ट्रिफाइंग अनुभव की संज्ञा दी। हम लोग सुबह–सुबह लॉज के ही पास गंगा घाट पहुँच गए। समय लगभग 6 बजे होंगे। यहाँ गंगा का पवित्र प्रवाह आँखों में बस जाने वाला था। मेरे लिए यह पहला अनुभव है जब मैं गंगा में स्नान कर रहा हूँ। कहते हैं इसमें नहाने से सारे पाप मिट जाते हैं। मैं ऐसा तो नहीं मानता कि पाप यानी सभी प्रकार के गलत काम के दाग मिट जाएं पर इतना तो है कि शरीर की सारी थकान जरूर मिट जाती है। इतना पानी देख बार-बार अपने गाँव की संकरी नदी और ऐसी ही न जाने कितनी नदियाँ याद आ जाती हैं, जो हमारे शासन के कुप्रबंधन और आम लोगों की अनदेखी के कारण आज मरणासन्न हैं। पूरा दोष लोगों को भी नहीं क्योंकि उनका स्त्रोत कोई ग्लेशियर नहीं है। नदियों को याद

करने का एक और कारण है, हम बचपन में नदियों में कूद-कूद कर नहाए हैं। सो हमने यहां भी कई प्रकार के स्टंट किए। स्नान कर लॉज पहुँचते ही हमारी गाड़ी तैयार खड़ी थी। सभी तैयार हुए और गाड़ी चल पड़ी गंगा किनारे से होते हुए।

किसी भी यात्रा में जगह कोई भी हो; कितना भी प्रसिद्ध और खूबसूरत हो सबसे ज्यादा रोचक होती है संगति। जो संगति नई हो उसकी बात ही कुछ और है। सबको जानते समझते सफ़र कैसे बीत जाता है पता ही नहीं चलता। बातों ही बातों में कब देहरादून आया और गया पता ही नहीं चला। अब बारी है घाटियों और पहाड़ों की रानी मसूरी की। ऊँचे-ऊँचे पहाड़ और घुमावदार रास्ते हर मोड़ पर देखने को कुछ नया और सैलानियों की भीड़ से भरे रास्ते। बीच–बीच में छोटे-छोटे मंदिरों पर भक्तों की भीड़। वैसे यहाँ के अधिकांश सैलानी भक्त ही हैं। मसूरी पहुँचते-पहुँचते भारी भीड़ से रास्ते पर जाम के हालात थे। यहाँ से निकलने में ही दो तीन घंटे का समय लग गया। मसूरी शहर की खूबसूरती गाड़ी से ही देखी। जितना मैंने इसके बारे में सुना और पढ़ा था उससे कहीं ज्यादा खूबसूरत लगी। क्योंकि समय के दायरे में चार धाम पूरे करने हैं इसलिए मसूरी में केवल केम्पटी फाल देखने का ही निर्णय हुआ था। केम्पटी फाल बेहद खूबसूरत और बहुत ऊँचाई से गिरने वाला झरना है। जिसे देखते रहने का मन करता है। नीचे कुंड बना है जिसमें नहाने के लिए सैकड़ों लोग कूदे हुए थे। यहाँ पर सैकड़ों दुकानें निकर, टॉवल और लॉकर की आबाद हैं। एक अच्छी बात यह दिखी कि नहाने वालों में कोई भेद नहीं। न जाति का, न रंग का और न ही लिंग का। न ही इन बातों से यहाँ किसी को कोई समस्या है। यहाँ तारीफ की हकदार उत्तराखंड शासन प्रशासन भी है। जिन्होंने हर एक पर्यटन स्थल पर सभी प्रकार की सुविधाएं मुहैया करा रखी हैं। चलने वालों के लिए सीढ़ी और न चल पाने वालों के लिए उड़नखटोला। दोनों की ही अपनी–अपनी खासियत है। आप चलते हैं तो कई हसीन नजारे आपका इंतजार कर रहे होते हैं। जहाँ पहुँचकर आप कुछ सेल्फी और फोटोज ले सकें। अगर थकना नहीं है तो सेल्फी से समझौता और जेब ढीली कर लिफ्ट ले सकते हैं। हम सबने यहाँ बहुत मस्ती की। पानी में कूदे भी और झरने पर चढ़ने

की कोशिश भी कर डाली। फोटोज़ की तो बरसात हो गई।

अब आगे का रास्ता यमुना नदी के किनारे चलता है। जो यमुना के उद्गम तक जाता है। बीच में बहुत से ख़ूबसूरत नज़ारे आपको बार–बार रुकने को विवश करते हैं और रुकने के बाद वहाँ से जाने का दिल भी नहीं करता। रास्ते भर पहाड़ी के ऊपर स्थानीय किसानों के सीढ़ीदार खेत हैं। जो विभिन्न फसलों के उगे होने से पहाड़ों पर बने बड़े–बड़े रंगोली की तरह दिखते हैं। यहाँ की महिलाएं खेतों में काम करती हुई भी दिख जाती हैं। एक जगह जब साथी थोड़ा रुके तो अपने फ़ोटो के साथ उनके घर और खेत के भी फोटोज़ लिए। बड़कोट पहुँचने के पहले से ही लेखनी शुरू हुई थी। बीच में यहाँ बड़कोट में कमरा खोजने और खाने की व्यवस्था करने लगे। हमें यहाँ अच्छा कमरा और खाना दोनों ही सस्ते में मिल गए। कल यमुनोत्री का सफ़र है यहाँ हमें पाँच किलोमीटर पैदल भी चलना होगा। सभी साथी सो चुके हैं और अब मुझे भी सो जाना चाहिए। मैं सो गया।

बड़कोट

९

यमुनोत्री

दिनाँक 13/05/18

स्थान– बड़कोट

आज यात्रा को पूरे चार दिन हो गए हैं। ये मैं आपको साथियों से पूछ कर बता रहा हूँ। आज 12 या 13 तारीख पर भी असमंजस था जो मोबाईल देख कर ही दूर हुआ। आज की सुबह पहाड़ों की पहली सुबह है। मैं रोज़ की तरह आज भी जल्दी उठ गया। बाकी साथियों को भी जगाया। मैं और प्रमोद भाई चाय पीने हॉटल गए। चाय पीकर प्रमोद वापस कमरे में चला गया। तब तक हितेश आ चुका था। उसके चाय पीने के बाद हम दोनों टहलने बड़कोट के एक पहाड़ पर चढ़ गए। वहाँ कई प्रकार के रंग–बिरंगे फूल खिले हुए थे। कल हमने रास्ते पर भी कई प्रकार के पहाड़ी फूल यानी बनफूल देखे थे। वापस आकर कुछ लोग नहाए, कुछ केवल शौच से नृवृत्त हुए और यमुनोत्री में ही स्नान की योजना बनी। सब 6 बजते–बजते यमुनोत्री दर्शन को निकल पड़े। यहाँ जाने की उत्सुकता कुछ विशेष है। क्योंकि यही हमारी यात्रा का पहला पड़ाव भी है।

पूरा रास्ता यमुना नदी के किनारे–किनारे ही है। कई पहाड़ों पर चलता रास्ता कभी ऊपर चढ़ता, कभी नीचे आता, कभी पहाड़ों की चोटी चूमता तो कभी यमुना से एकदम लिपटकर चलता। कहीं-कहीं रास्ता बेहद संकरा और टूटा-फूटा। बेहद संकरे पुल, धसके हुए पहाड़, रास्ते पर गिरे मलबे और नदी के किनारे बने हॉटल वालों की आवाज कि अंदर

आइए और खाना खा लीजिए। रास्ते पर खड़े सैलानियों को निहारते बड़े-बड़े चीड़ के पेड़। जिनको एक बार में ऊपर से नीचे तक निहारा भी नहीं जा सकता। रास्ते पर दौड़ते बच्चे जो शायद फौज में भर्ती की तैयारी कर रहे होंगे। चूंकि रास्ता बार-बार नदी को काटता है, ऐसे में कभी घाटी हमारी ओर तो कभी दूसरी ओर। जिस तरफ घाटी पड़ती साथी उस ओर के नज़ारे दिखाने लगते। बीच में एक जगह गाड़ी जाम में खड़ी हो गई। पर हमें इसका मलाल न होकर हर्ष था। सब नीचे उतरे और फिर सेल्फी की झड़ी लगी। उसी वक्त पता चला हमारे एक साथी वोकेश योगी जी की शादी की सालगिरह है ।सबने उसे बधाइयाँ दी।

अब दूर पहाड़ की चोटियों पर जमी सफ़ेद बर्फ चमचमाती हुई दिखाई दे रही थी। जो बेहद आकर्षक और शानदार लगी। सब लोगों का ध्यान अब उन्हीं चोटियों पर है जो बार–बार छोटी पहाड़ियों से ढक जाती है। अब चट्टियों का आना शुरू हो गया और हमारे बीच चर्चा भी यह कि कई गाँव के नाम के साथ चट्टी क्यों जुड़े हैं। चानचट्टी, फूलचट्टी, हनुमानचट्टी और आखिर में जानकीचट्टी यहाँ से आगे हमें 5 किलोमीटर पैदल ही चलना है, यमुनोत्री तक पहुंचने के लिए । जैसे ही गाड़ी रुकी–कई कुली, घोड़े वाले, पालकी वाले गाड़ी के पास पहुंच गए। हमारे लिए अब ये नयी बात नहीं, न ही उनके लिए। इधर सबके रोज़गार ऐसे ही बनते हैं। कई लोग हम सबको देखकर जान भी चुके थे कि ये सब जवान हैं और कोई भी सुविधा लेने वाले नहीं। फिर भी एक बार पूछ लेने में क्या हर्ज ? 5 किलोमीटर चलना हमें तो बहुत सहज बात लग रही थी। पर इधर का जैसा दुर्गम पहाड़ी रास्ता है, वह 5 को 50 किलोमीटर जैसा कठिन बना देता है। खड़ी चढ़ाई और रास्ते भर लोगों को रगड़ते खच्चरों की भीड़। रास्ते भर पड़ी उनकी बदबूदार लीद जो सांस लेने में भी परेशानी पैदा कर रही थी। बीच– बीच में पालकी वाले तथा यात्रियों को अपनी पीठ पर लाद कर ले जाने वाले लोग। इन्हें देखकर मैं अचम्भित सा रह गया। ये लोग अपने जितने या अपने से ज्यादा वजन के इंसान को 5 किलोमीटर की ऊंचाई तक कैसे ले जा सकते हैं ? जवाब था अभ्यास और ज़रूरतें पूरी करने की मजबूरी । हम जब सुस्ताने बैठे तब उनमें से एक से मेरी बात हुई। उसने बताया कि जितने भी लोग यहाँ यह काम

करते हैं सभी बेरोजगार हैं। केवल यह यात्रा ही उन्हें काम देती है और बाद में फिर वे बेरोजगार हो जाते हैं। सीजन में जितना हो सके वे कमा लेते हैं। यहाँ प्रशासन की व्यवस्था थोड़ी कम दिखी रास्ता इतना ख़तरनाक कि अगर कोई गिर जाए तो मौत तय है। इधर केवल कुछ सुरक्षा संबंधी बोर्ड ही लगे हैं। किसी भी प्रकार की सुरक्षा के लिए जवानों की संख्या न के बराबर है। भीड़ के साथ चलते खच्चर दुर्घटना की संभावना और बढ़ा देते हैं।

भारत में भक्ति बड़ी चीज है। खासकर उस उम्र में यानी बुढ़ापे में जब आप कोई अन्य काम करने में अक्षम हों। हमारे यहाँ तो यह मानते हैं कि चारधाम यात्रा ही बुजुर्गों की यात्रा है। कई मित्रों ने जब यह जाना कि हम चारधाम यात्रा पर जा रहे हैं तब उन्होंने व्यंग्यात्मक लहजे में हमें भी बुजुर्गों की संज्ञा दे दी। सच तो यह है कि ऐसे कठिन रास्तों पर चलने के लिए मजबूत और जवान इंसान ही होने चाहिए।

हमारे यहाँ हर भगवान का अपना महत्व है। कहने का मतलब हमारे यहाँ सारे भगवान अलग हैं। सब को मनाना स्वर्ग जाने की कुंजी मानते है। बहुत से लोग जीवन के आखिरी दिनों में तीर्थ स्थान चले जाते हैं। जहाँ उनके अनुसार मरने पर स्वर्ग मिलता है। घर जिसे अपनी सूझबूझ से स्वर्ग बनाया जा सकता है, उसे लोग जोड़ के रखना भूल जाते हैं। एक दादा जी मिले जो एक व्यक्ति की पीठ पर लदे थे। उनसे बात करने पर पता चला वे अयोध्या से आ रहे हैं। जहाँ स्वयं भगवान राम की जन्मभूमि है और बहुत से लोग स्वर्ग पाने वहाँ जाते हैं।

अब हम सब अलग–अलग हो चुके हैं। कोई आगे तो कोई पीछे। हम तीन लोग साथ हैं रोहित, प्रमोद और मैं। अब रास्ता सीधे ऊपर जा रहा है। लगता है ऊपर जाकर नीचे आ पाना मुश्किल होगा। लोगों की भक्ति भावना अब धीरे–धीरे थकान और खच्चर वालों पर खीज में बदल गई है। जगह–जगह झड़पें आम हो चली हैं। थकान लोगों को चिड़चिड़ा बना देती है। ये एक आम मानवीय प्रक्रिया है । पानी और ओला गिरना शुरू हो चुका है। सब एक शेड में इकट्ठा हो गए हैं। हमारी बोलचाल की छत्तीसगढ़ी भाषा समझ एक महिला ने पूछा कि छत्तीसगढ़ से हो! कहाँ से ? हमने अपना परिचय बताया। महिला ने बताया वह जबलपुर से है।

छत्तीसगढ़ आना जाना होता है तो वह छत्तीसगढ़ी जानती है। बारिश कम होते ही हम आगे बढ़े। आगे जाम की स्थिति थी। जाने और आने वालों में द्वन्द है। जाने वालों में उत्सुकता है और आने वालों में सन्तुष्टि मिश्रित खीज।

अब हम यमुनोत्री पहुँच चुके हैं। बहुत खूबसूरत जगह है। यहाँ मानो यमुना बेटी सी पहाड़ों की गोद से उतर रही है। लोग पूजा में दीये जला रहें हैं। कोई आचमन कर रहा है तो कोई नहा रहा है। पास ही गर्म पानी का कुंड है। जहाँ पानी उबलते हुए निकल रहा है। लोग उसमें चावल डुबाकर प्रसाद बना रहे हैं। नीचे उसी कुंड के पानी में यमुना का ठंडा पानी मिलाकर नहाने लायक बनाया गया है। प्रकृति के भी अद्भुत खेल हैं। एक तरफ इतना ठंड कि पानी के साथ हड्डियां भी जम जाए और वहीं गर्म पानी जो दिल को सुकून भी दे। हमने दोनों पानी में स्नान करने का निर्णय लिया। ठंडे ग्लेशियर के पानी में डूबते ही शरीर जैसे पिघल गया हो। सिर घूमने लगा, एक पल के लिए सोचने समझने की हमारी क्षमता चली गई जैसे मूर्छा आ गई हो। दौड़कर गर्म कुंड पहुंचकर उसमें डुबकी लगाई तब जाकर सुकून आया। मंदिर में भी भारी भीड़ थी। आस्था इतनी प्रबल कि लोग मंदिर की दीवारों से चिपके जा रहे थे। हम सबने भी अपनी बारी आने पर दर्शन लाभ लिया। वापसी से पहले हम सबने फोटो लिए और ग्रुप सेल्फी भी। फिर हम सब वापस चल पड़े। रास्ते भर ओले मिश्रित बारिश हो रही थी। गर्म कुंड में डुबकी लगाने से चढ़ाई की सारी थकान मिट गई थी। वापसी ज्यादा सरल। खच्चर भी कम हो गए थे। इधर कुछ नाश्ता न मिला तो बिस्किट खाकर हम आगे चल पड़े। साथ में घर से लाए चिवड़ा, खुरमी आदि भी गाड़ी में ही भक्षण किए। वापसी तक पहाड़ों की बर्फ और ज्यादा सफेद हो चुकी थी। आज रास्ते के ही एक गेस्टहाऊस में हम रुके है। आज हम सब एक साथ हैं। एक ही कमरे में। सबने खाना भी खा लिया है। आज अच्छी नींद आने की संभावना है।

1. रास्ते में बारिश, 2. तपतकुंड, 3. टोली, 4. यमुनोत्री धाम, 5. पोज देता मैं

10

गंगोत्री

पहला दिन

13/05/18

बड़कोट से धराली

रेस्ट हाउस में नींद बहुत अच्छी आई। सुबह 5 बजे उठ गए। सुबह-सुबह यमुना के किनारे ठंड पड़ रही थी। बाहर लोग लाइन में लगे थे। नहाने के लिए गर्म पानी खरीदने 30 रुपए प्रति बाल्टी। यहाँ अधिकांश रुकने की जगह पर ऐसा ही चलता है। ये भी एक तरीका है पैसे कमाने का। कल शाम हितेश के साथ हम रेस्टहाउस के पीछे का घाट देख आए थे। सुबह उठकर प्रह्लाद भैया के साथ घाट पर नहाने पहुँचे। एक और मौका था यमुना के बर्फीले पानी से सामना करने का। पर यहाँ काफी दूर के बहाव के बाद यमुना का पानी कुछ कम ठण्डा था। दोनों अच्छे से स्नान किए। हमारे आते तक बाकी साथी भी तैयार हो गए थे। यात्रा की एक और अच्छी बात यह है कि हम बहुत कम समय में खुद से और यात्रा से जुड़े लोगों के बारे में बहुत सी बातें जान लेते हैं। पहले सभी केवल एक दूसरे को महादेव के नाम से ही संबोधित करते थे।आज सब एक दूसरे को नाम से जानते हैं। खूब ठहाके लगते हैं। सबका अपना-अपना नया नाम हो चुका है।

सबने आलू के पराठे खाए फिर निकल पड़े गंगोत्री की ओर। यहाँ पराठे और मैगी दो चीजें सभी जगह आसानी से मिल जाती है। आज

का अधिकांश समय गाड़ी में ही बीतने वाला है। आज गंगोत्री पहुँचना संभव भी नहीं।रास्ता ज़्यादा ख़राब होने के कारण गाड़ी काफी धीमी चल रही। उत्तरकाशी के पार आगे जाकर रुकने की योजना है। बातों-बातों में हम उत्तरकाशी पहुँच गए। यहाँ भी काशी की तरह ही काशी विश्वनाथ का मंदिर है। दर्शन कर हम निकल पड़े यमुनोत्री की ओर। यमुनोत्री की घाटियों से गंगा की घाटियाँ बहुत ज्यादा दुरूह और दिलकश हैं। जगह-जगह पहाड़ों से गिरते झरने, मन से बहने वाली कई तरह की चाहतों से मेल खा रहे थे। सारे दृश्य नयनाभिराम हैं। नदी किनारे के रास्ते घुमावदार हैं। वीडियो और फ़ोटो के कार्यक्रम लगातार चल रहे हैं। रोज तीन सौ फोटोज के लक्ष्य से लगभग दो सौ आगे। रास्ता खूबसूरत के साथ ख़तरनाक भी बहुत ज्यादा है। रास्ते में चेतावनियाँ लिखी हुई हैं। गाड़ी सम्हल कर चलाएँ, पहाड़ से पत्थर गिरते हैं। छोटे-छोटे पुलों पर एक बार में केवल एक ही गाड़ी चल सकती है।

उत्तरकाशी से लगभग चालीस किलोमीटर दूर एक पुल है। ऊँचे-ऊँचे पहाड़ों के बीच बहुत से छोटे-छोटे झरने हैं, एक छोटा ढाबा है। यहाँ रास्ता कुछ चौड़ा है और गाड़ियाँ खड़ी करने की जगह है। यहीं पर गाड़ी से उतर कर हमने हाथ-पैर सीधे किए। यहाँ भेड़ वाले के हाथ में एक प्यारा सा मेमना दिखा जिसके साथ हम सबने फ़ोटो लिए। नाश्ते में मैगी खाई फिर आगे चल पड़े। इन रास्तों की एक खासियत है, हर छोटे-बड़े गाँवों में यात्रियों के खाने और रुकने की व्यवस्था होती है। हर गाँव में ढाबे, रेस्ट-हाउस, सरकारी रेस्टहाउस हैं। रास्ता इधर बहुत अच्छा हो चला है। गाड़ी तेजी से बढ़ रही है। अब ऊँचे पहाड़ों की चोटियों पर बर्फ चमकने लगी है। यह यमुनोत्री वाले रास्ते से ज्यादा है और बहुत करीब भी। देखते ही देखते हम चारों ओर से बर्फ के पहाड़ों से घिर चुके हैं। अब शाम भी हो रही है। रुकने का समय होने लगा है। रास्ता अब गंगा तट के बराबर हो गया है। एक झरने के पास आर्मी केम्प है, वहीं पर हेलीपैड जिसमें एक हेलीकॉप्टर खड़ा हुआ है। हेलीकॉप्टर के संचालकों से हमारे उस्ताद की पहचान है। तो हमें वहां फोटो लेने की अनुमति मिल गई। कुछ आगे स्थित हॉटल हिमगिरि में आज रुकेंगे सुबह गंगौत्री की यात्रा पर निकलेंगे।

यह छोटा सा गाँव धराली है हर्षिल से पहले। सब तरफ लकड़ियों के बने घर, हॉटल हैं। हम जिस हॉटल में रुके हैं वहाँ पास ही सेब का बगीचा है। हमने दो कमरे लिए हैं सबके लिए अच्छी व्यवस्था है। गाँव के चारों ओर बर्फ आच्छादित पहाड़ हैं। इतनी अच्छी जगह पर यह पहला गाँव है। जहाँ सब चीजें सही दाम पर मिल रही हैं। हमने हितेश के लिए स्वेटर खरीदा, पाँच सौ रुपए में। ये स्वेटर तो हमारे गृह जिला कवर्धा में भी कम से कम ग्यारह, बारह सौ में मिलता। दुकान वाले भाई का व्यवहार बहुत आत्मीय लगा। उसका नाम प्रदीप पवार है। उससे बहुत सी बातें हुईं। प्रदीप ने बताया यह उसके खुद का गाँव है। वह बचपन से यहाँ है। सेब की खेती करते हैं। जिसे ठेकेदारों को बेचते हैं। सेब अभी मटर के दानों के आकार के हैं। सितंबर में निकलने लगते हैं। उसने यह भी बताया कि दिवाली के बाद सब गाँव छोड़कर उत्तरकाशी चले जाते हैं। क्योंकि यहाँ शर्दियों में भारी बर्फबारी होती है, 6 से 10 सेंटीमीटर तक। यहाँ बहुत लोगों से बात हुई। यहाँ के सारे लोग बहुत अच्छे हैं, भोले हैं।

पास ही भगवान शिवजी का मंदिर है। हम सभी वहाँ दर्शन करने पहुँचे। यहाँ के पुजारी एक बुज़ुर्ग दादा जी हैं। उन्होनें हमें ऐतिहासिक बातें बताई। मंदिर बाहर से जितना दीखता है उतना ही जमीन के अंदर भी है। यहाँ जब बर्फ जम जाती है तब शिवरात्रि में अंदर का हिस्सा खुलता है। अभी अंदर पानी भरा है। यहाँ खाना और सर्विस दोनों अच्छे हैं। बसेरा लौटकर आज हम सब आराम से सोए।

दूसरा दिन

14/05/18

(धराली से गंगोत्री)

यहाँ की सुबह बहुत खूबसूरत है। पर्वतों पर जमी बर्फ़ में पड़ती सूरज की सुनहरी किरणें पर्वतों को सुनहरा बना रही हैं। प्रमोद भाई के साथ गंगा तट पर पहुंचकर गंगा माता के दर्शन किए। यहाँ फोटोज़ भी लिए। लौटते ही हम गंगोत्री के लिए निकल पड़े। धराली से गंगोत्री लगभग बीस किलोमीटर दूर है। रास्ता पहले से भी ज्यादा खूबसूरत है। गंगोत्री पहुँचे तो ठंड और भीड़ दोनों बहुत ज्यादा थी। हम सीधे घाट पहुँचे जहाँ बर्फीले पानी में हमें नहाना था। सबने बड़ी हिम्मत से डुबकी लगाई। किसी ने

एक, किसी ने चार। मैंने गिनकर सात डुबकियाँ लगाई। पानी इतना ठंडा है कि पाँच मिनट जो अंदर रह जाए उसे पाला मार जाए। खिली धूप ने राहत दिलाई।स्नान के बाद डिब्बों में जल लिए और मंदिर में माता के दर्शन के लिए लाइन लगाई। लगभग एक घंटे में दर्शन कर पाए। फिर बाज़ार घूमते गाड़ी तक पहुँचे और वहाँ से तुरंत ही आगे निकल गए।

आगे लगभग 250 किलोमीटर की यात्रा है केदारनाथ धाम की। जितनी जल्दी यह दूरी तय हो सके हमारे लिए अच्छा है। बीच में यात्रा के लिए बायोमेट्रिक पंजीयन हुआ। इसी रास्ते से हम पहले भी आए थे तो नज़ारे आज दिलकश नहीं लगे। उत्तरकाशी से 54 किलोमीटर दूरस्थ एक पहाड़ी गाँव है नागरौल। जहाँ आज हम रात्रि विश्राम के लिए रुके हैं। यह छोटा सा गाँव है। यहाँ ठहरने के लिए होटल या रेस्ट हाउस नहीं है। यहाँ यात्रियों को स्थानीय लोग अपने घरों में ही ठहराते हैं। हम जिस घर–परिवार में ठहरे हैं, वह हमें बहुत ही अच्छा लगा। आज पूरी यात्रा में घर का खाना हमें पहली बार याद आया। यहाँ खाना भी माता ने ही बनाया था। माँ बहुत भोली है। बेटी माँ के साथ बैठकर रोटी बना रही है। हमने भी बेलन पर हाथ आजमाए। पूरा परिवार सेवा में लगा हुआ है। हमने यहाँ छककर खाना खाया और तबीयत से आराम फरमाया। सुबह केदारनाथ धाम के लिए रवानगी है ।

1. खाना बनाती माता, 2. धराली में हम, 3. गंगोत्री धाम, 4.तपस्वी मैं ! 5 .टोली की मस्ती, 6 .रास्ते में ग्वाला ,

11

केदारनाथ धाम

दिनाँक

17/05/2018

16 तारीख का पूरा दिन घुमावदार घाटियों में ही गुजरा।घाटियाँ दिल को बेचैन कर रही थी। दिन भर गाड़ी में बैठने की थकान, यमुनोत्री के छः किलोमीटर खड़ी लंबी चढ़ाई से भी ज्यादा थी। बीच में हम बस एक जगह खाना खाने के लिए रुके। आगे गाड़ी सीधे रामपुर में रुकी। जो सोनप्रयाग से थोड़ी ही दूरी पर है। सोनप्रयाग केदारनाथ धाम में बाहरी गाड़ियों की पार्किंग है। यहाँ उत्तराखंड में हर किसी के लिए कमाई का जरिया सिर्फ़ और सिर्फ़ पर्यटन ही हैं। पर्यटक भी इस सीजन में थोक में मिलते हैं। गाड़ी को रामपुर में ही रोक कर रात रुकने का फैसला हुआ। चूंकि आगे भीड़ बहुत थी सो रामपुर में रुकना ही ज्यादा बेहतर था। आस-पास पूछताछ करने पर पता चला कि सुबह सोनप्रयाग से टैक्सी मिलती है। जो गौरीकुंड तक जाती है। इन टैक्सियों के लिए भी कई किलोमीटर लंबी लाइनें लगी रहती हैं। फैसला हुआ कि सुबह तीन बजे से हम टैक्सी लाइन में लग जाएँगे। सबने खाना खाया फिर बातचीत करते-करते सो गए।

सुबह हम चार साथी लगभग ढाई बजे उठे और तीन बजे तक तैयार हो गए। लेकिन जहाँ दस लोग हों, वहाँ थोड़ी देरी तो लाज़िमी है। सबके तैयार होते चार बज गए। टैक्सी वाली जगह पर जब हम पहुँचे तो वहाँ लंबी लाईन लग चुकी थी। बातचीत में पता चला कि टैक्सियां रात एक

दो बजे तक चलती हैं। सो अधिकांश ड्राइवर आराम कर रहे थे। यह सुनते ही हम पैदल आगे चलने लगे। धीरे-धीरे गाड़ियां ऊपर गौरी कुण्ड से उतरने लगी। स्टेशन पर न होने के कारण हमें गाड़ियाँ नही मिल रही थी। हमने एक गाड़ी बीच में ही रोककर चालक से मिन्नतें की तो मुश्किल से ना-नुकुर करते उसने हमें बैठाया। इस शर्त के साथ कि अगर कोई हमें उतार देता है तो हम उसे दोष न दें। यहाँ अनुशासन से भटकने का बड़ा कड़वा फल हमने महसूस किया। बिना गलती के खुद में चोरों वाला एहसास जग उठा। नीचे पहुँचते ही दरवाजा खोलकर चालक ने दो लोगों को अंदर बैठाया तब हमें सुकून मिला। हमने ऊपर पहुँचकर गौरीकुंड के दर्शन किए। यहाँ से चढ़ाई शुरू हुई।

कठिन चढ़ाई ही आस्था की कड़ी परीक्षा है। वहाँ देवी-देवताओं से ज्यादा महत्वपूर्ण ये चढ़ाई ही होती है, जो बताती है कि हमारा इरादा कितना पक्का और मज़बूत है। ऐसी चढ़ाई वाली जगह पर जब भी पहुँचे हैं, मन में पहला सवाल यही उठता है कि भगवान इतनी ऊंचाई पर क्यों रहते हैं? जवाब शायद यह हो– पहला ये कि आसानी से मिली चीज का इंसान कद्र नहीं करता और दूसरा ये कि चढ़ाई की परीक्षा ही हमें आग में तपे सोने-सा दमकाती है। खैर इधर मौसम बड़ा साफ है। पिछले दो दिनों से लगतार बारिश हो रही थी। हम जब रामपुर पहुँचे थे तब भी बारिश जारी थी। पर आज प्रकृति मेहरबान है। यहाँ तक पहुँचते एकता की हमारी कई कक्षाएँ लग चुकी थी। परंतु सामर्थ सबको बांट ही देता है। मैं और प्रमोद भाई साथ-साथ आगे बढ़ गए। यहाँ का रास्ता काफी चौड़ा है। इसलिए खच्चरों से ज्यादा परेशानी नहीं हुई। ऊपर चढ़ाई के लिए यहाँ भी पाँच स्तर की व्यवस्था है। पहला कि हम पाँव-पाँव चलें। दूसरा पिट्ठू में बैठकर, तीसरा पालकी में बैठकर, चौथा घोड़े या खच्चर की सवारी और आखिर में हेलीकॉप्टर। हममें से अधिकांश की ख्वाहिश हेलीकॉप्टर की ही थी। हमें पता चला कि बुकिंग छः महीने पहले होती है या टूर ट्रेवल्स वालों से पैकेज लेने पर ये सुविधा मिल सकती है। ये दोनों कार्य हमने किए नहीं थे इसलिए हमारी ये ख्वाहिश पूरी नहीं हुई। जब-जब हेलीकॉप्टर हमारे ऊपर से गुजरता, एक कसक-सी हमारे भीतर उठती और हम हेलीकॉप्टर के विरुद्ध आग उगलकर उसकी भरपाई करते।

दूसरों से आगे होने की खुशी और जल्दी पहुँचने का उत्साह साहस देती है। यह क्रिया एकदम आदमियत वाली है और हर जगह लागू होती है। हम भी साथियों से आगे थे इसलिए हमारा उत्साह अधिक था। बीच में कहीं कलकल करते झरनों की तस्वीरें लेते, जब बैठ जाते तो पता करते कि जून 2013 में आई भीषण बाढ़ में यहाँ के हालात कैसे थे। एक जगह एक भाईसाहब ने बताया सबसे ज्यादा नुकसान रामबाण और गौरीकुंड में हुआ था। बहुत से लोग बाढ़ से बचने पहाड़ों की शरण ले रखी थी। वहाँ हफ़्तों तक भूखे–प्यासे रहने से उनकी जान चली गई थी। तब तक अनगिनत लोगों ने अपनी जान गवाई थी। इस तरह भीषण घटनाओं से भी लोगों की आस्था नहीं डिगती। जहाँ हजारों लोग मर गए वहाँ आज भी लाखों लोग उतनी ही श्रद्धा से पहुँच रहे हैं। 12 किलोमीटर की चढ़ाई कैसे पार हुई हमें पता ही नहीं चला। यह चढ़ाई हमने लगभग डेढ़ घंटे में ही पूरी कर ली थी। रास्ता दोराहे के पुल के पास से सीधा खड़ा और कठिन है। यहाँ से बाढ़ की तबाही के मंजर साफ दिखाई दे रहे थे।

रामबाण में रुककर हमने मैगी खाकर चाय पी फिर आगे बढ़े। आगे बढ़ते ही दो और साथी हितेश और रोहित मिल गए। अब चारों साथ–साथ चलने लगे। बाकी अभी भी बहुत पीछे थे। कठिन रास्तों के बीच कुछ शॉर्टकट लेते हुए हम आगे बढ़ते गए। थोड़ी दूरी पर हितेश को पैदल चलने में तकलीफ़ होने लगी। उसने घोड़ा लिया। मैं और प्रमोद खड़े रास्ते से ऊपर पहले पहुँच गए। वहाँ से बाकी साथी वोकेश योगी, अमित गुप्ता, खिलेश्वर साहू, प्रह्लाद तिवारी भैया घोड़े पर दिखे। विरेंद्र और प्रेमिश शर्मा अभी भी पीछे थे। सबने खच्चर स्टैंड पर इंतज़ार किया। सब एक साथ हुए। यहाँ से भी लगभग 2 किलोमीटर चलना था। हम सब बाबा भोलेनाथ की जय–जयकार करते हुए आगे बढ़े। मंदिर का शिखर दिखने लगा। बर्फ के पहाड़ों के नीचे स्थित मंदिर दूर से बहुत सम्मोहक है। हमारी आधी थकान तो शिखर दिखते ही दूर हो गई। हम फिर आगे बढ़ चले। आगे हेलीपैड के पार अलखनंदा और सरस्वती नदी का संगम है। यहाँ थोड़े आगे से दर्शन के लिए श्रद्धालुओं की लाइन लगी थी। हम भी लाइन में लग गए। अधिकांश लोग अपने साथियों को लाइन में खड़ा कर खुद विश्राम करने लगे थे। 21 किलोमीटर की चढ़ाई इंसानों को तो क्या

खच्चरों को भी थका देती है। रास्ते में कई खच्चर लहकते पड़े थे। हम भी बहुत थक गए थे। मन तो कर रहा था यहाँ सीढ़ियों पर ही लेट जाएं। कुछ लोग तो लेटे हुए भी थे। मैं आकर सीढ़ियों पे बैठा। तुरंत ही नींद आ गई। आधे घंटे बाद हितेश ने आकर मुझे झकझोरा तब नींद टूटी। थोड़ी देर में भंडारे वालों ने जो कि लाइन में खड़े श्रद्धालुओं को चाय और ब्रेड दे रहे थे, हमें भी दिया। खाकर शरीर में थोड़ी ताकत आई। पुलिसकर्मियों ने आकर लाइन थोड़ी व्यवस्थित की तब जाकर करीब 3 घंटे में हम मंदिर तक पहुँच पाए। मंदिर पहुंचने से पहले कई पंडे आकर हमसे मिल चुके थे। मंदिर भीतर भी पण्डों की जमात देखने मिली।

खास भक्तों की यहाँ अलग लाइन थी। खास यानी पैसे वाले वी आई पी श्रद्धालु। मंदिरों में भी पैसे की इतनी अहमियत और प्राथमिकता सोचनीय है। फिर तो भगवान भी पैसे वालों के ही हुए। जो कड़ी मेहनत करके मीलों पहाड़ चढ़े हैं वे घण्टों से लाइन में ही खड़े हैं। उनसे ज्यादा अहमियत उन्हें जो हेलीकॉप्टर से उतरकर भी पालकी से मंदिर तक पहुँचे हैं, उन्हें तवज्जो देना आस्था के साथ-साथ इंसानियत से भी खिलवाड़ है। फिर इस बारे में बोले कौन ? भगवान के दरबार में भक्तों में समानता का व्यवहार क्यों नहीं। जिनके साथ यह अन्याय हो रहा है, वे तो अन्याय को ही साधना और तपस्या समझे बैठे हैं। क्या प्रभु उन्हें ही मिलेंगे? वे प्रभु जो दिखते नहीं। दीखने वाले प्रभु के दर्शन तो पहले पैसेवालों को ही होते हैं। इस तरह आस्था का व्यापारीकरण भारत के लगभग सभी प्रसिद्ध मंदिरों में चलता है। व्यापारीकरण का दूसरा चरण है चढ़ावा। गरीब से गरीब व्यक्ति अपनी जरूरतों को काटकर थोड़े पैसे मंदिरों के लिए बचाए रखता है। वही मंदिर लोगों को मनोकामना पूर्ति की आशा बेंचकर दिनों–दिन अमीर होते जा रहे हैं। कथित मनोकामना पूर्ति वाले पोस्टर तो आपके आस–पास भी दिख ही जाते होंगे ? जब हम ट्रेन से आ रहे थे एक पोस्टर देखा। इसमें मरे आदमी को भी जिंदा कर देने का जिक्र था। दान–धर्म से कोई व्यक्तिगत टकराव नहीं पर ये केवल उन्हें किए जाएँ जो जरूरतमंद हैं। भगवान तो हमें सबकुछ देता है। हम उसे सौ, दो सौ, या हजार, लाख देकर प्रसन्न कर सकते हैं भला ?

थोड़ी देर बाद भीड़ ने हमें धकेल कर मंदिर के अंदर प्रवेश कराया। चारों ओर महाभारत के पात्रों–भगवान कृष्ण, अर्जुन, भीम, नकुल, सहदेव, और युधिष्ठिर की मूर्तियां दृष्टव्य हैं। जिस पर लोगों ने घी उड़ेल रखा है। मंदिर के अंदर किसी अमीर दानदाता ने दीवारों पर चाँदी की परत चढ़वाई है। मंदिर में बाबा केदारनाथ जी के पुण्य दर्शन हुए। माथा टेककर यात्रा की सफलता की अनुभूति हुई। यह अनुभूति आप स्वयं यहाँ आकर ही महसूस कर सकते हैं। मंदिर से निकलकर हम आसपास घूमने लगे। पीछे भीम शिला और अमृत कुंड है। इस भीमशिला ने ही बाढ़ के समय मंदिर को बचाया था। प्रकृति की भी अद्भुत लीला है। सभी इंसानों को मारकर केवल वहाँ के उत्तराधिकारी मंदिर और भगवान शिवजी को ही शेष रखा। ऐसी घटनाएं ही लोगों की आस्था को पुख्ता करती हैं। भगवान को मानने के तर्क पैदा करती है। दर्शन के पश्चात हमने फोटो लिए फिर भंडारे में जाकर प्रसाद ग्रहण किए। कढ़ी और चावल का भोजन प्रसाद बहुत ही स्वादिष्ट था। दान का पूछने पर उन्होंने समिति का खाता दिया और दान उसी में भरने को कहा। हमें यही सच्ची सेवा और सार्थक दान लगा। हमने समिति से कार्ड लिया और निकल पड़े वापसी के लिए।

चढ़ाई से उतरना कुछ आसान लगता है। बावजूद इसके थके शरीर में 21 किलोमीटर रास्ता तय करना बेहद कठिन और थका देने वाला था। गौरीकुंड से 3 किलोमीटर पहले बारिश शुरू हो गई। इसी को कहते हैं 'दूबर को दू आषाढ़'। हमारी हालत बहुत खराब हो गई थी। मुझे तो बुखार भी हो गया। साथियों ने टेबलेट दी। सब हिम्मत बांधकर धीरे-धीरे नीचे उतरे। गौरीकुंड में एक कदम चलना और खड़े रहना दोनों मुश्किल था। तुरंत टैक्सी लेकर अपनी गाड़ी के पास पहुंचे। बहुत थके होने के कारण सब चिड़चिड़े भी हो चुके थे। उसी हॉटल में रुके जहाँ हम पहले दिन रुके थे। बिस्तर पर पड़ते ही नींद आ गई। बीच में उठकर खाना खाये फिर टेबलेट खाकर सो गए। आगे की यात्रा कल शुरू होगी, बद्रीनाथ धाम के लिए। उठने का कोई समय हमने नियत नहीं किया। जब शरीर उठने लायक हो तभी उठेंगे।

केदारनाथ धाम और रास्ते के नजारे, केदारनाथ धाम और गुप्त काशी

12

बद्रीनाथ धाम

दिनाँक

18/05/2018

18 मई की सुबह रामपुर सोनप्रयाग से हम बद्रीनाथ धाम के लिए रवाना हुए। पूरे दिन गाड़ी में बैठने वाली उबाऊ यात्रा। अब पहाड़ों की सुंदरता से हम ऊब चुके थे। पहाड़ी उतार–चढ़ाव वाली यात्रा में सिर घूम जाता है। फिर एक दिन पहले केदारनाथ धाम की दोनों ओर की लगभग पैंतालीस किलोमीटर यात्रा से थके पैर गाड़ी में मुड़े–मुड़े दर्द कर रहे थे। ज्यादा परेशानी हम लंबे लोगों को ही होती है। इधर धीरे–धीरे पहाड़ और "खूबसूरत और हरे भरे" हो जाते हैं। लाख उबाऊ होने पर भी यात्रियों को अपनी ओर खींच ही लेते हैं। हम "चोकता" से होकर आगे जाने वाले हैं। गाड़ी वाले पाजी ने बताया कि चोकता बेहद ही ख़ूबसूरत जगह है। उत्तराखंड का मिनी स्विट्जरलैंड। बातों–बातों में गुप्तकाशी पहुँच गए। यह तीन काशियों में एक है उत्तरकाशी, गुप्तकाशी, और वाराणशी। यहाँ भगवान शंकर का प्राचीन मंदिर स्थित है। गंगा यमुना दो धाराएँ एक कुंड में निरंतर प्रवाहित होते रहती हैं। पौराणिक कथा के अनुसार भगवान शंकर पांडवों को देख यहीं छुपे थे। इस कारण ही यह स्थान गुप्त काशी के नाम से जाना जाता है। पांडव जब यहाँ पहुँचे तो सांड के रूप में भगवान शंकर ने नकुल और सहदेव को दौड़ाया। सांड को मारने भीम दौड़े। तब भगवान शंकर बर्फ में धसने लगे और उनका सिर नेपाल में

पशुपतिनाथ के रूप में तथा पीठ केदारनाथ में विग्रह के रूप में स्थापित हुआ। मंदिर में पूजा अर्चना के पश्चात हम आगे बढ़े। यहाँ हमने आड़ू फल का स्वाद चखा। आड़ू का स्वाद खट्टा मीठा होता है। पककर लाल हो जाने पर मिठास बढ़ जाती है।

हमें अब पहाड़ों से उतारना है। उतरना चढ़ना ही तो यहाँ पहाड़ों का जीवन है। इन्हीं उतार-चढ़ावों के कारण यहां के लोग बहुत मज़बूत और तंदरुस्त शरीर वाले होते हैं। ठीक उसी तरह जैसे जीवन के उतार-चढ़ाव इंसानों को मज़बूत बनाते हैं। इधर अधिकांश पिट्ठूवाले अपने से डेढ़-दो गुना अधिक वजन उठा ही लेते हैं। यहाँ सभी प्रकार की चीजें पीठ पर ही ढोई जाती है। जिससे हाथ सहारे हेतु खाली रहें। पहाड़ी जगह पर रहने वाले केवल यात्रातिथि तक ही इधर रहते हैं। मंदिरों के कपाट बंद होते ही वे नीचे की ओर चल देते हैं। हम आगे बढ़ते-बढ़ते नीचे से फिर ऊपर आए। चोकता में गाड़ी रुकी। यहाँ पहले ही बहुत सी गाड़ियाँ खड़ी थीं। लोग दूर तक फैली वादियों का मजा ले रहे थे। हमें यहाँ के नज़ारे कुछ-कुछ हमारे कवर्धा के सरौधादादर हिल स्टेशन जैसे जान पड़ी। फ़र्क केवल यहाँ ऊँचे पहाड़ों पर बर्फों का है। आसपास बहुत से रेस्टोरेंट हैं। फोटोशूट के बाद हम भी एक रेस्टोरेंट में बैठे। पास में ही कौओं का पूरा समाज जुटा था। इनका जिक्र इसलिए क्योंकि हमारी ओर अब कौए भी कम होते जा रहे हैं। बचपने में यदि किसी कौए को धोखे से हम मार देते तो बहुत से कौए इकट्ठे हो जाते और हमला करते।

चोकता के बाद गाड़ी एक छोटी सी जगह पर रुकी जहाँ दो-चार हॉटल दिखे। यहाँ एक हॉटल में सबने खाना-खाया। आगे गाड़ी एक बार और रुकी। पहाड़ों पर कुछ बच्चे क्रिकेट खेल रहे थे। क्रिकेट की दिवानगी यहां भी सिर चढ़कर बोलती दिखी। साथियों को भी बचपना याद आ गया। यहाँ हमने भी हाथ आजमाए। एक बार तो हॉटल का मग्गा भी गेंद लगने से गिरा। हम चाय-पीकर आगे बढ़े। गाड़ी चमोली से होते हुए सीधे जोशीमठ पहुँची। रात्रि विश्राम यही किए। हम सब थकान से चूर थे। गाड़ी में घंटों बैठना पैदल चलने से ज्यादा थका देने वाला होता है। पर हममें से अब कोई भी चलने की स्थिति में नहीं थे। थोड़ी देर आराम के बाद हम कुछ साथी, आदि शंकराचार्य के मंदिर देखने निकले।

बाकी साथी हमारे पीछे बाद में पहुंचे। यहाँ आदि शंकराचार्य जी की तप स्थली और उनकी गद्दी स्थित है। यहाँ माँ शक्ति का मंदिर भी है। यह स्थल बहुत ही शांतिपूर्ण है। यहाँ हमारे मनको बहुत शांति मिली। भारतीय धर्मग्रंथों के अनुसार आदि शंकराचार्य महात्मा हैं ने चार धामों में चार पीठों की स्थापना पूरे भारत को पैदल घूमकर की थी। उन्होंने ही भगवान बद्रीनाथ की भी स्थापना की थी। दर्शन पश्चात भोजन किए फिर हॉटल में आराम। सुबह-सुबह बद्रीनाथधाम के लिए निकलना था। सब इत्मिनान से सोए।

सुबह हमारी टोली बद्रीनाथ धाम की ओर चली। इधर का रास्ता अलकनन्दा नदी के तीरे-तीर चलता है। यह भी गंगा को बनाने वाली नदियों में शामिल है। जोशीमठ के आगे का रास्ता बहुत संकरा हो जाता है। अलकनंदा के किनारों पर चलने से पहले जोशीमठ से रास्ता ऐसा लगता है मानो पहाड़ों में जाकर समा गया हो। इधर ही सबसे ज़्यादा बर्फ से ढके पहाड़ हैं। बेहद मनमोहक लंबे शंकुदार पेड़ों से लदे पहाड़। रास्तों पर नीले फूलों से लदे हमारे इलाके के गुलमोहर के पेड़ों जैसे पेड़ हैं। फर्क केवल रंग का है। बद्रीनाथ धाम जाने के लिए हम सभी बहुत उत्साहित थे। कारण इधर किसी प्रकार की चढ़ाई नहीं है। साथ ही यह हमारी तीर्थ यात्रा का आख़िरी पड़ाव भी था। इस यात्रा के पश्चात हम टूरिस्ट होने वाले थे।

लगभग डेढ़ घंटे में बद्रीनाथ धाम पहुँचे। रास्ते में कई ऐसे पहाड़ थे, जिनसे बर्फ ढलकर रास्ते के करीब आ गए थे। अब जिज्ञासा थी बद्रीनाथ जी को जानने की। इनकी कहानी भी बड़ी दिलचस्प है। किंवदंति के अनुसार पहले यहाँ अलकनन्दा के किनारे भगवान शंकर, माता पार्वती के साथ रहा करते थे। विष्णुजी को यह जगह अपनी साधना के लिए बहुत पसंद आई ! वो बच्चे बनकर प्रगट हुए और रोने लगे। बच्चे को रोता देख माता पार्वती से रहा नहीं गया। उन्होंने बच्चे से रोने का कारण पूछा तो विष्णु जी ने यह स्थान ही मांग लिया। माता ने तथास्तु कहकर भोलेनाथ सा भोलापन दिखाया। भगवान यहाँ तपस्या में लीन हो गए। वे बर्फबारी के कारण बर्फ़ से ढकने लगे। उन्हें बर्फ़ से बचाने माता लक्ष्मी बेर का पेड़ बन गई। भगवान जागे तो उन्होंने माता लक्ष्मी को आशीर्वाद

दिया कि तुम्हारा तप भी मेरे बराबर ही था। तो आज से हमारा यह साथ बद्रीनाथ (बेर के नाथ) के नाम से जाना जाएगा। कालांतर में नारदजी ने वहाँ विग्रह की स्थापना की। बौद्ध प्रसार के दौरान इस विग्रह को बौद्धों ने भगवान बुद्ध के रुप में पूजा। जब वे चीन जाने लगे तो मूर्ति तपत कुंड में फेंक गए। इसे आदि शंकराचार्य जी ने पुनस्थार्पित किया।

हमने बद्रीनाथ धाम पहुँचते ही तपतकुंड में स्नान किया। तत्पश्चात लंबी लाइन में लगे। अच्छी व्यवस्था के कारण हमें भगवान बद्रीनाथ के दर्शन बहुत जल्द प्राप्त हुए। मंदिर स्थापत्यकला का अद्भुत नमूना है। अपने जैसा एकमात्र यह मंदिर, तस्वीरों में जितना भव्य लगता है, वास्तव में उससे कई गुना ज्यादा सुंदर है। भगवान पूरे परिवार के साथ विष्णुपर्वत और शेषनाग पर्वत की छाँव में जीवनदायिनी माँ अलकनंदा के किनारे विराजमान हैं। मंदिर परिसर में माता लक्ष्मी के साथ ही अन्य देवी–देवताओं के मंदिर स्थापित हैं । प्रसाद लेकर हम ध्यानकेंद्र पहुंचे। इतने कोलाहल के बीच असीम शांति का अनुभव बेहद आनन्ददायक और शान्ति देने वाला था। यहाँ भगवान के दर्शन के पश्चात पाजी हमें श्री बद्रीविशाल सेवा पंडाल बरनाला/पंचकुला लंगर में ले गए। यहाँ पंजाब से आए भक्तों ने यात्रियों के लिए भंडारे की व्यवस्था की थी। इतनी ऊंचाई पर सारी सुविधाओं को एकत्रित कर मुफ्त में बांटना मायने रखता है। कहने की जरूरत नहीं कि जहाँ पाँच का एक बिस्किट दस में, पाँच की चाय बीस में, इडली सत्तर रुपए में मिलता हो, वहाँ खाने में सभी प्रकार के व्यंजनों की मुफ्त व्यवस्था बहुत ही सराहनीय है। हम सबने भंडारे में भरपेट भोजन किया और दिल से दुआएँ दी। साथ ही कुछ गुप्तदान भी। ताकि आगे आने वालों को भी यह स्वादिष्ट भोजन आत्मीयता के साथ मिलता रहे।

भोजन पश्चात हम भारत के आखरी गाँव मानागाँव गए। यहाँ वेदव्यास और भगवान श्री गणेश के महाभारत लिखने की कथा है। यहाँ पर व्यास गुफा स्थिति है। जो एक पुस्तकनुमा परतदार पहाड़ी के नीचे है। हमने यहाँ सरस्वती नदी के भी दर्शन किए। भीमपुल देखा और भारत की आखरी चाय दुकान में चाय पी। वैसे यहाँ ऐसे ही आखरी चाय दुकान चार–पाँच और हैं। स्थानीय लोग यहाँ कुछ स्थानीय औषधियाँ और

याक–भेड़ के उन से बने कंबल, स्वेटर मफलर आदि बेचते हैं। इसे वे स्वयं बनाते हैं। हमने भी ग्रीन टी के कुछ पैकेट खरीदे। यहाँ से सीधे जोशीमठ वापस हुए। सबसे कड़वा अनुभव हमें आज हुआ। जिस हॉटल में हमने खाना खाया वहाँ का खाना बेहद ही खराब था। हमने खाना चखकर ही छोड़ दिया। ऐसी दुर्गम जगह पर अन्न को छोड़ देना हमारे लिए बेहद दुखदाई था। पर अगर खाकर बीमार पड़ जाते तब भी अच्छा नहीं होता। ऊपर से होटल मालिक का कहना था कि हमारे मुंह में ही खराबी है। खाना उनके हिसाब से खराब नहीं। अब थकान अपने चरम पर थी। घर लौटने की जाने की सबको जल्दी थी। कुछ को 22 मई की टिकट मिली थी। तो वे पाँच लोग दिल्ली घूमकर 22 मई को निकलने का निर्णय किए। हम पाँच लोगों ने आगरा घूम कर 23 मई को निकलने के लिए टिकट बुक कराई।

अगले दिन सुबह औली गए। जोशीमठ जिस पर्वत पर स्थित है, औली उसी की चोटी है। यह सर्दियों में स्कीइंग के लिए प्रसिद्ध है। अभी यहां बर्फ तो नहीं है परंतु घूमने के लिए बेहतरीन जगह है। यहाँ से क्षेत्र के सभी पर्वत श्रेणियों की चोटी दिखाई देती है। यहाँ हम सबने केबल कार की सवारी की। स्कीइंग रिसोर्ट और ट्रेक देखे। रिसोर्ट में बहुत से सुन्दर फूल खिले थे। यहाँ से सीधे बिना कहीं रुके वापस हरिद्वार लौटे। हमारी छोटा चारधाम यात्रा पूरी हुई।

बद्रीनाथ धाम

बद्रीनाथ धाम

माना गाँव, जोशीमठ और औली

माना गाँव ,जोशीमठ,औली

बैगा गाँव बेलापानी में एक दिन

"धर लेबे गैती मार लेबे डोली, नई समझावै तोर बोली"। जिसका अर्थ होता है हाथ में कुदाली लेकर खेत बनाकर यहीं बस जाओ, तुम्हारी भाषा हमें समझ नहीं आती। कितना गहरा भावार्थ है। वह हमसे कह रहे हैं अगर आपको हमें जानना है तो एक दिन यहां आकर थोड़ी बातें करके कुछ तस्वीरें लेकर हमें और हमारी संस्कृति को आप नहीं समझ सकते। आप को जानना ही है तो यहां बसना होगा।

13

बेलापानी

दिनाँक

28/10/2017

शनिवार का दिन था। यह दिन मेरे लिए वैसे भी अन्य दिनों से पहले शुरू जाता है। इसका कारण शनिवार की सुबह स्कूल का होना होता है। मेरी एक बुरी आदत है कि मैं सबसे पहले स्कूल पहुंच जाता हूँ। बुरी इसलिए कि ऐसा अब कम लोग करते हैं। फिर भी मैं समय पर स्कूल में था। केवल एक दो बच्चे स्कूल पहुंचे थे जिसका कारण हल्की ठंड का होना था। ठंड के मौसम में बच्चों को अपने आपको ढालने में थोड़ा समय लगेगा। शाला के अलावा आज की दूसरी उत्सुकता आपसदारियाँ थी। इस अवधारणा के मन में आते ही मैं गदगद हो जाता हूँ। एक ऐसा अनौपचारिक समागम, जिसमें युवा, वरिष्ठ सब रचनाकार बिना किसी औपचारिकता के एक-दूसरे से जुड़ पाएँ। आजकल ऐसे आयोजन काफी कम होते जा रहे हैं। जिसके कारण युवाओं और वरिष्ठों की सोच में काफी अंतर आ गया है। वरिष्ठ युवा से सम्मान की अपेक्षा करते हैं और युवा वरिष्ठजनों से दूर ही रहना चाहते हैं। चूंकि उनकी बातें युवाओं को बेमानी लगती है। पर अपनी जगह पर दोनों ही गलत हैं। दोनों को चाहिए कि वे एक-दूसरे की ओर कदम बढ़ाएं, एक-दूसरे से जुड़ें और मुझे लगता है जुड़ाव की ओर यह कदम ही आपसदारियाँ की मूल भावना है।

हम तय समय पर हॉटल जगदम्बा पैलेस कवर्धा में थे। वहां हमारी मुलाकात सबसे पहले इंदु साहू से हुई। फिर हम सब विजय सिंह व दीपक पाचपोर सर से मिले। मैं सामान्यत: वरिष्ठ साहित्यकारों के बीच खुद को असहज महसूस करता हूं, जिसका कारण साहित्य के क्षेत्र में मेरा नयापन है। पर इनकी गर्मजोशी और सहजता से युवाओं से जुड़ना देख मेरा संकोच फुर्र हो गया। उनकी इस आत्मीयता का कारण शायद समयलाल विवेक जी द्वारा हमारा परिचय कराया जाना था। कार्यक्रम की रूपरेखा पर चर्चा होने लगी। समयलाल जी ने मनजीत सर से पूछा जो कि विश्रामगृह में अन्य अतिथियों के साथ थे। उन्होंने थोड़ी देर में पहुंचने की बात कही। इतने में कुँवर रवींद्र जी से मुलाकात हुई जो काफी जल्दी में थे। शायद थोड़े नाराज भी क्योंकि हम स्थानीय थे। उन्हें हमसे अपेक्षा थी कार्यक्रम की रूपरेखा की जानकारी की, पर ऐसा था नहीं। इतने में सतीश जायसवाल जी से बात हुई। उन्होंने कहा वे बिलासपुर से सीधे ही चिल्फी पहुँचेंगे, सब वहीं पहुंचें। बस इतना सुनते ही रवींद्र सर हड़बड़ी में निकल पड़े। समयलाल जी ने उन्हें रोकने की कोशिश भी की, पर उन्होंने एक न सुनी। उनके जाने के कुछ देर बाद मनजीत सर के साथ बाकी साथी पहुँचे और सब चिल्फी घाटी के लिए निकल पड़े।

रास्ता मेरे लिए कोई नया नहीं था। यह वही रास्ता था जिस पर मैं पहले भी अपने कॉलेज के समय मित्रों के साथ आता रहा हूँ। पर आज इन रास्तों को देखने का नजरिया कुछ बदला-बदला है। वैसे भी भोरमदेव-चिल्फी मार्ग प्राकृतिक दृश्यों से परिपूर्ण है। रास्ते के हर पेड़ मुझे पहले से जानते हैं और आज मुझसे बात करने की कोशिश कर रहे हैं जैसा आज से पहले उन्होंने कभी नहीं किया। पहाड़ी पर अडिग खड़े सूरज को एकटक देखते दीमकों से गलते वृक्ष मानों कह रहे हों, परिस्थिति चाहे जितनी भी विषम क्यों न हो अपने लक्ष्य की ओर बढ़ते रहो। बरसात के बचे थोड़े बहुत पानी को सहेजे नदियाँ कह रही हों, चाहे उम्मीद कम हो पर अपने अस्तित्व को बचाए रखने के लिए सदैव तत्पर रहो। धूल से सने जंगली फूल व्यंग्य कर रहे हों कि शहर के कृत्रिम फूलों पे मोहित होने वाले इंसानों क्या तुम्हें मेरी सुंदरता दिखाई नहीं देती। टेढ़े-मेढ़े-ऊंचे-नीचे रास्ते मानों जीवन की कठिनाइयों और उतार-चढ़ाव में निरंतर बने

रहना बता रहे हों। जंगल की शांति में जाने ऐसे कितने कोलाहल आज मुझे सुनाई दे रहे थे जो आपसदारियाँ की उत्सुकता को प्रबल किये जाते थे।

एक घण्टे में हम चिल्फी घाटी में थे। वहां शिखर युवा मंच के कार्यालय में ही कुछ देर रूकने और कार्यक्रम की रूपरेखा को समझने के साथ भोजन की व्यवस्था थी। आगे का सफर युवा मंच के तत्वावधान में ही होना था। सब परिसर में दाखिल हुए। सतीश सर के साथ पहले पहुंचे साहित्यकार आँगन में बैठे मौसमी फल सीताफल का मजा ले रहे थे। जो कि शायद पेड़ों में ही पके थे। यह फल इसलिए थोड़ा ज्यादा महत्व रखता है क्योंकि यह उन चुनिंदा फलों में से है जो आज भी कीटनाशकों और उर्वरकों से अछूता है। कम से कम हमारे क्षेत्र में तो ऐसा ही है। हमारे अंदर प्रवेश करते ही भूपेश वैष्णव जी ने एक बड़े कटोरे में सीताफल लाकर रख दिए। हमने भी ताजा फलों का मजा लिया। सीताफल पर चर्चाएं होने लगी जो कि चाय पर चर्चा से बिल्कुल भिन्न थी। जो पहले से परिचित थे वह हँसी-मजाक कर रहे थे। मैं थोड़ा संभला हुआ था क्योंकि मैं अनुभव में सबसे छोटा था और कम लोगों को ही जानता था।

खाना खाने का समय हो गया क्योंकि सबको बेलापानी के लिए निकलना था। सबने जल्दी से खाना खाया और साथी इस बीच आते रहे। इन सबके साथ थोड़ा समय बिताकर मैंने अपनी सहज वृत्ति से यह बात भी समझ ली कि यहां संकोच से रहना अपने को ध्यान से पीछे रखना है। मैं भी लोगों से खुलकर बातें करने लगा। खाना खाने के पश्चात् सबसे परिचय हुआ। कार्यक्रम की रूपरेखा तय की गई कि गांव में पहुंचकर क्या करना है, कितनी देर तक रहना है। आज चर्चा में घाटशिला के पूर्व प्रवास के अनुभव को भी साझा किया गया। सब निकलने तैयार हुए तब रास्ते की दुर्गमता और बैगा लोगों की सहजता का ध्यान रखते हुए कुछ गाड़ियों को यहीं छोड़ने का निर्णय हुआ और सब निकल पड़े।

हम गाड़ी में रवींद्र सर, दीपक सर, विजय सर, समयलाल जी, राजाराम हलवाई जी साथ में थे। रास्ते में समसामयिक मुद्दों पर बातें होती रही। रास्ता बड़ा ही दुर्गम था। उस पर ऊंचे-नीचे पहाड़ ड्राइवरों की कठिन परीक्षा ले रहे थे। रास्ते की वीरानी यह बताती थी कि इस ओर

बहुत कम लोगों का आना-जाना था। यह बिल्कुल वैसा रास्ता था जैसे कॉलेज के दोस्तों के झुंड खोजते हैं पर जाने का जोखिम नहीं उठा पाते। कहीं घाटियों के किनारे, कहीं पहाड़ों के ऊपर से होकर गुजरता रास्ता उस पर चारों ओर अनमनी दृष्टि से हमें एकटक ताकते पेड़ मानों कह रहे हों फिर कोई सरकारी अमला पहुंचा है बेलापानी की सुध लेने। कहीं हमें कटवाकर रास्ता तो न बना देंगे। उस पर सभी के हाथ में क्लिक होते कैमरे जिनकी तस्वीरें कुछ ही घंटों बाद फेसबुक, इंस्टाग्राम, ट्विटर की शान होने वाले थीं, उनकी आशंका को और प्रबल कर रहे थे। पर ऐसा था नहीं। हम सब साहित्यकार थे। केवल साहित्य सेवा के लिए पहुंचे थे, जनसेवा से हमारा नेताओं जैसा कोई वास्ता न था। हम चीजों की खूबसूरती को उसी रूप में देखते हैं।

जैसे ही वहां पहुंचकर हम गाड़ी से उतरे मांदर की मधुर नशीली ध्वनि से हमारा स्वागत किया गया। बैगा युवा और युवतियां नृत्य के साथ हम अतिथियों का स्वागत करने को आतुर थे। सभी साहित्यकारों को गेंदे के हार पहनाकर अभिवादन किया जा रहा था। मैंने गाड़ी से उतरते ही कुछ बच्चों को थोड़ी दूर साल के ऊंचे-ऊंचे दरख्तों के नीचे कोई खेल खेलते देखा। कौतूहल से पास गया तो बच्चे दूर चले गए। शायद उन्हें मैं बाहरी व्यक्ति लगा और लगूं भी क्यों न उनके इतने करीब होते हुए भी तो मैं उन्हें नहीं जानता था। मैंने बात करने की कोशिश की पर वे वहां से चल दिए। मैंने उनके खेलने की जगह पर देखा वहां कुछ चित्र बने थे। धूल पर उंगलियों से, यह कुछ उसी तरीके का खेल था जैसा गुल्ली डंडा को प्रेमचंद जी ने बताया है। बिल्कुल मुफ्त और प्रकृति के एकदम करीब। बैगा मैंने पहले भी देखे थे पर बैगा बच्चों की दीनता आज मैं देख नहीं पा रहा था। कुछ बच्चे सरकारी स्कूल में मिलने वाले सरकारी ड्रेस के चीथड़े पहने थे। कुछ के पास तो यह भी नहीं था। नाक बह रही थी और वे अपनी-अपनी माताओं के पास डरे हुए सिमटे खड़े थे। साल के जंगल बहुत ही ठंडे होते हैं। ऐसे में गर्म कपड़ों का अभाव साफ परिलक्षित होता था। पर वे यहां बिना किसी शिकवा-शिकायत के उन्हीं चीथड़ों में खुश और मगन थे। कुछ माताएं अपने बच्चों को साड़ी के टुकड़ों से अपनी पीठ पर लादे खड़े हुए थीं। कुछ इसी तरह नृत्य भी कर रही थीं। कुछ साथी

उनकी वेशभूषा और बच्चों को कपड़े से पीठ पर बांधे खड़ी बैगा महिलाओं की तस्वीरें ले रहे थे। एक साथी ने तो कुछ कदम बढ़कर महिलाओं को मुस्कराने को भी कह दिया। इस पर बैगा महिलाओं में से एक बुजुर्ग ने बड़ा सधा और भोला जवाब दिया "बिना मतलब के काबर हसबो ग"। मुझे तो यह व्यंग्य जैसे लगा।

उसी स्थान पर थोड़ी देर रूकने के बाद सभी गांव के लिए निकले जो वहां से करीब डेढ़ किलोमीटर दूर था। पगडंडी का रास्ता कंकड पत्थरों से भरा था। सब साथ-साथ चलने लगे। रास्ते की खूबसूरती को निहारते और अपने कैमरों में कैद करते हुए। मैं भी चल पड़ा, बच्चों के साथ उनसे बात करने की कोशिश करते उनकी तस्वीरें लेते। रास्ते में बड़े-बड़े बिजली के दैत्याकार टावर मिले जो हमारे किसी बड़े और आधुनिक शहर से विकास लेकर दूसरे शहर जा रहे थे।

रास्ते में भूपेश वैष्णव जी गांव के सामाजिक जीवन पर चर्चा कर रहे थे। रास्ते के दोनों ओर जंगली पौधे थे। हम सब लम्बी रेखा में साथ चल रहे थे। बैगा ज़्यादा उत्साहित लग रहे थे। यह उनके लिए त्यौहार जैसा था। जैसे ही हम गांव के करीब पहुंचे वहां हमें एक नदी मिली जिसे ग्रामीण सोनघट्टी के नाम से जानते हैं। यह उनके गांव का भी नाम है। इसे पार करने में हमारे महिला साथी साहित्यकारों को थोड़ी परेशानी हुई, जूतों के भीगने का डर ऊपर से पत्थरों पर फिसलन। हमारे गांव में पहुंचने से पहले ही सब युवानर्तक-नर्तकी पहले से ही पहुंचकर करमा नृत्य में लीन हो गए थे।

चौपाल सा लग गया था। बैठने के लिए एक–दो प्लास्टिक की कुर्सियाँ और बाकी दरी बिछी हुई थी जो कि प्लास्टिक की थी। एक बात मैंने गौर की। यहां प्लास्टिक की पॉलीथिन, डिस्पोजल या पन्नियां या कूड़ा। इधर-उधर नहीं दिख रहा था, जबकि बैगा शायद यह जानते भी ना हों कि हमारे राज्य में पॉलिथीन बैन है। वहीं दूसरी ओर हमारे विकसित गांव और शहर जहां सभी नियम-कायदे जानते हैं। उसे धता बताते हुए धड़ल्ले से प्लास्टिक वस्तुओं का प्रयोग करते हैं और खुले में फेंक कर कचरा भी फैलाते हैं। हालांकि बैगा लोगों के पास तन ढंकने को कपड़े कम थे। व्यक्तिगत स्वच्छता शायद इससे थोड़ी कम हो पर स्वच्छ भारत

का जैसा सपना हमारे "बापू" ने देखा था वह यहां कायम है। बैगा लोगों के घर बहुत ही साफ गाय के गोबर से लिपे-पुते थे। आँगन में भी कचरे का नाम नहीं।

हम सब आसपास के परिवेश को देखने लगे। क्योंकि मैं शिक्षक हूँ। इसलिए स्वत: सबसे पहले मैंने शाला भवन को जाकर देखा। यह भवन यहाँ एकमात्र पक्का मकान है। एक कमरे की शाला जो अभी तीन साल पहले ही बनी है, वो भी तब जब शिखर युवा मंच के साथियों ने यहां हैंडपंप खुदवा दिया है। इससे पहले सरकारी अमला यह समझता था कि यहां किसी भी प्रकार की गाड़ी या निर्माण सामग्री को पहुंचा पाना संभव नहीं है। शाला अच्छी हालत में थी। मैंने अंदर प्रवेश किया देखा यहां के शिक्षक ने शाला को बड़े आकर्षक ढंग से सजा रखा है। दीवारों पर सुंदर चित्र लटके हैं। जो शायद बैगा बच्चों ने बनाए हैं। मक्के के दानों से लिखे अ आ इ ई और एबीसीडी भी। कुछ रेडीमेड चार्ट भी थे और श्यामपट्ट पर गुब्बारे वाला पाठ भी लिखा था। कुछ महात्माओं की तस्वीरें भी लटकी थी जिनका बैगा बच्चों के जीवन से कोई सरोकार ना था और यह सब पुरानी ही थी। हमें दिखाने के लिए लगाया गया हो ऐसा बिल्कुल नहीं था। कुछ साथियों ने बच्चों से पढ़ाई के संबंध में बात की तो वे काफी कुछ जानते थे। ऐसे बीहड़ इलाके में एक शिक्षक का ईमानदारी से काम करना काफी आश्चर्यजनक था। क्योंकि यहां ना कोई अधिकारी जांचने पहुंच सकता है और ना ही ग्रामीणों में इतना सामर्थ्य कि वे शिक्षक से ना आने का कारण भी पूछ सके। मैं ऐसे बहुत से शिक्षक साथियों को जानता हूँ जो सुविधायुक्त जगहों पर होकर भी अच्छा काम नहीं कर पाते।

यहां के बाद मैं शाला के पीछे पहुँचा जहां सरसों का पीला सोने सा दमकता खेत था। वही खेत जिस पर किसी जमाने में आज के सुपर स्टार कहलाने वाले बॉलीवुड के नायक ने कुछ तस्वीरें ली थी और ऐसी खूबसूरती से हम खुद को कैसे महरूम रख सकते थे। मैंने राहुल राजेश जी को साथ लिया और हम तस्वीरें लेने लगे। यहां एक अलग तरह की घटना हुई। तस्वीर लेने के बीच में कुछ बैगा महिलाएं वहां से गुजरने लगीं। मैं कैमरा लिए खडा था वे रूकीं और फोटो खिंचवाने लगीं। जिससे मालूम चलता है। यहां हमसे पहले काफी लोग पहुंच चुके हैं, उनकी

तस्वीर लेने और अपने सोशल नेटवर्को की शोभा बढ़ाने के लिए। अब बैगा कैमरे से अनुकूलित हो गए हैं। हम पुन: उस स्थान पर पहुंचे जहां सब इकट्ठे थे।

सभी साथी बैगा युवाओं के साथ करमा नाचने लगे। ऐसा सुकून भरा और सीधा-साधा नृत्य जिसे करने के लिए आपको ज्यादा अभ्यास की आवश्यकता नहीं। मांदर की थाप से अपने कदमों को मिलाइए और मांदर वादकों के चारों ओर घूम कर यह प्रक्रिया दोहराते रहिए। मैंने तो मांदर भी बजाने की कोशिश की। वह भी बहुत ज्यादा कठिन नहीं बस थोड़े अभ्यास की आवश्यकता है इसको बजाने के लिए। कुछ बैगा महिलाएं नाचते हुए एक स्वर में लोकगीत गा रही थीं पर हम समझ नहीं पा रहे थे। हमने पंच से गीत का अर्थ जानना चाहा जिसके बोल पंच ने बताएं "धर लेबे गैती मार लेबे डोली, नई समझावै तोर बोली"। जिसका अर्थ होता है हाथ में कुदाली लेकर खेत बनाकर यहीं बस जाओ, तुम्हारी भाषा हमें समझ नहीं आती। कितना गहरा भावार्थ है। वह हमसे कह रहे हैं अगर आपको हमें जानना है तो एक दिन यहां आकर थोड़ी बातें करके कुछ तस्वीरें लेकर हमें और हमारी संस्कृति को आप नहीं समझ सकते। आप को जानना ही है तो यहां बसना होगा।

थोड़ी देर में शाला प्रांगण से हम बैगा लोगों के घरों को देखने चल दिए। इनके घर हमारे गांव या शहर की तरह एक साथ कॉलोनी या मोहल्लों की तरह ना होकर दूर-दूर में होते हैं। पालतू जानवरों की सुरक्षा के लिए मोटी लकड़ियों के बाड़े बना रखे हैं। एक छोटा सा खुला आंगन जिसमें बाजरा सूख रहा है साथ में पपीते के बड़े-बड़े पुराने और फलों से लदे पेड़। घर के अंदर प्रवेश करते ही सिर उठाने पर, हमें लटकते असंख्य मक्के दिखे जो इन बैगा लोगों के पूरे वर्ष का राशन है। अंदर एक कमरा जिसमें मिट्टी का चूल्हा और अपने घर के बारे में बताती भगवंतीन। हाँ! यही नाम है इस घर की मालकिन का। वह यहां अपने दो बच्चों और पति के साथ रहती है। बाकी साथी उससे सवाल पूछने लगे। वहीं बाहर आंगन में भुलऊ अपने अनुभव गाकर सुना रहा था- "रायपुर के आना-जाना पैसा के बचाना" भुलऊ बड़ा ही बातूनी और सरल स्वभाव का व्यक्ति है। अपने नाम के ठीक विपरीत। इससे मिलकर आप उसे भूल नहीं सकते।

मैं वहां से थोड़ा आगे बढ़ा एक घर है इसमें शौचालय भी बना है पर अनुपयोगी है। थोड़ी दूर एक हैंडपंप के पास शिखर युवा मंच के साथी अयोध्या जायसवाल और सुखदेव जी खड़े पंच ठगला पटेल से बातचीत कर रहे थे। थोड़ी देर में भुलऊ पहुंच गया। मैं उनसे सवाल पूछने लगा जिसके जवाब उन्होंने दिए। वैसे तो बैगा बड़े सच्चे और भोले होते हैं पर जब बात सरकारी योजनाओं की आती है तो थोड़ा झूठ बोलना ही पड़ता है। यह झूठ पकड़ा भी जाता है क्योंकि उन्होंने अच्छे से झूठ बोलना नहीं सीखा। छल तो जैसे उनके मन को कभी छू भी नहीं पाया। पंच ने बताया कि वह जहां अभी रहते हैं वह वास्तव में उनका गांव बेलापानी नहीं है। बेलापानी वहां से लगभग दो-तीन किलोमीटर दूर घने जंगलों के बीच है, जहां इनकी लगानी जमीन है। वह लोग पानी की समस्या के चलते आज से सत्रह साल पहले यहां सोनघट्टी में आ बसे जिससे इस जगह को सोनघट्टी बेलापानी कहते हैं। उन्होंने बताया कि आज तक इस गांव में चोरी नहीं हुई और चोरी होगी भी किस चीज की। बैगा बड़े संतोषी होते हैं, यह उतना ही बचाते हैं जितना इनके जीवन के लिए आवश्यक है। व्यर्थ का संचय यह जानते ही नहीं। आभूषणों के नाम पर कुछ तांबे के आभूषण या चांदी के जिनका मोल न के बराबर है। फिर कोई किस चीज की चोरी करे। हाँ इनसे थोड़ा चैन और सुकून चुराने का हमारा मन था पर उसके लिए हमें भी इन जैसा सरल होना पड़ेगा जो हमारे बस के बाहर है। उन्होंने आगे राजपरिवार कवर्धा के संबंध में बताया कि पहले सारे बैगा रात भर चलकर कवर्धा के शाही दशहरा में पहुंचते थे जहां राजा हाथी-घोड़े के साथ निकलता। बैगा लोगों के लिए खाने-पीने की पूरी व्यवस्था होती। उस समय दशहरा "रैनी" के नाम से जाना जाता था। दशहरा में यह परम्परा आज भी है पर केवल परम्परा बनकर। शादी-ब्याह के बारे में बताया कि किसी के घर में यदि कोई सामाजिक कार्यक्रम है और वहां कोई पालक किसी को अपनी बहू या दामाद पसंद कर ले तो उसके परिवार वाले रिश्ते के लिए घर से शराब बनाकर ले जाते हैं। यदि शराब स्वीकार कर लिया गया तो रिश्ता पक्का हो जाता है। फिर रस्म और प्रथाएं रात भर शराब के साथ करमा नृत्य आदि। एक बात बड़ी अच्छी है यदि पालक अपने बच्चों के लिए रिश्ता देखें तो बच्चे मना नहीं करते

और यदि बच्चे अपना जीवनसाथी खुद चुन लें तब भी माता-पिता को स्वीकार्य होता है। यह सभ्यता हम जैसे शिक्षित विकसित और संभ्रांत संस्कृति वाले लोगों के लिए पहेली ही है। यदि नहीं तो हम ऑनर किलिंग के नाम पर अपने ही बच्चों की हत्या करते वक्त पहले इस परम्परा को अपनाते। इन जैसा हो पाना मुश्किल है क्योंकि यह बैगा हैं। आधुनिक बैगा और सदियों से यह ऐसे ही आधुनिक हैं। हम लोग नहीं, जो रोज नई-नई कुरीतियों से जुड़ जाते हैं और खुद को आधुनिक समझते हैं।

हम अपने को आधुनिक केवल इसलिए मान लेते हैं कि हमारे पास संचार आवागमन सुख-सुविधाओं आदि के तमाम साधन उपलब्ध हैं, पर विचार हमें बहुत पीछे ढकेलते हैं। इनके पास विचार प्रसार के माध्यमों की कमी है। फिर भी कितने आगे हैं हमसे सोच में, समझ में, संस्कृति में किसी की मृत्यु हो जाने पर भी यहां बहुत से कर्मकांड नहीं होते। अपनी सुविधा के अनुसार दफ़न करने या जला देने का रिवाज है। अस्थियों के प्रवाह के लिए, गंगा ले जाने की कोई आवश्यकता नहीं। आस-पास की नदी में ही बहा देते हैं या नहीं भी। मृत्युभोज के नाम पर कोई भी विशेष तामझाम नहीं। हम सभी लोग जिस तरह संतान उत्पत्ति, ब्याह, मृत्यु आदि पर अपनी औकात से ज्यादा खर्च कर देते हैं, वैसा कुछ भी इनके यहां नहीं होता है। शासकीय सुविधाओं के नाम पर यहाँ कुछ दिनों पूर्व ही बिजली पहुँची। राशन लेने भी इन्हें गाँव से करीब सात किलोमीटर दूर राजाढार जाना पड़ता है। मनोरंजन के लिए ये महुए से शराब बनाते हैं और उसे पीकर रात-रात भर करमा नृत्य करते हैं।

भुलऊ और पंच से बात करते-करते दिन ढलने लगा और रात खिलने लगी। वैसे भी जंगल में रात जल्दी हो जाती है। हम वहां से वापस भगवंतीन के घर पहुंचे। वहीं सारे साहित्यकार एकत्र थे जो आपस में आदिवासियों के जीवन के विषय में बातें कर रहे थे। मुम्बई से डाक्यूमेंट्री बनाने आए दीप्तेंदु राय ने यह बात बताई कि ऐसा वातावरण निर्मित कर दिया गया है कि छत्तीसगढ़ के बाहर का अगर कोई आदिवासी संस्कृति के बारे में सोचे तो वह केवल बस्तर सोचता है जबकि छत्तीसगढ़ में विभिन्न जगहों पर आदिवासी अपनी पूर्ण अलंकृत परम्परा और संस्कृति के साथ बसते हैं। कुछ बातें नक्सलियों पर होने लगी। सतीश

जायसवाल सर ने एक बात बड़ी स्पष्टता से सामने रखी कि कोई आदिवासियों के साथ नहीं है, कुछ लोग उन्हें नक्सली समझते हैं। तो कुछ नक्सल समस्या से पीड़ित। हर कोई इस बात के पक्ष या विपक्ष में खड़े हैं। आदिवासियों के साथ कोई नहीं। एक बात बड़ी स्पष्टता लिए थी कि बस्तर को कोई बोलने नहीं दे रहा। सब बस्तर के नाम पर बोल रहे हैं। बस्तर का वन खनिज सम्पदा से परिपूर्ण होना ही आज उसका दुश्मन बन गया है।

शुक्र है इस गांव बेलापानी के साथ ऐसा कुछ नहीं और ना ही किसी भी क्षेत्र के हालत ऐसे होने चाहिए। कौन चाहेगा खूबसूरत खिलते चांद पर कोई काला ग्रहण लगे। बातें होते-होते ही रात काफी हो गई। हमारे लिए रात और गहरी क्योंकि जंगल वालों के लिए जंगल की रात परिचित थी और हमारे लिए बिल्कुल अंजान सभी स्कूल भवन के पास एकत्र हुए। गांव वालों से विदा ली और फिर साथ-साथ पंक्ति बनाकर मोबाइल की फ्लैश लाइट जलाए चल पड़े गाड़ियों की ओर। गांव से जैसे-जैसे दूरी बढ़ती गयी मांदर की धनक कम होते गयी पर बैगा लोगों का वृंदगान हमारे हृदय की गहराई में उतर चुका था और बाहर से न सुनाई देकर अंदर से ही सुनाई देने लगा था। बीच में कहीं राहुल राजेश जी ने कहा कि लाइट बंद कर दीजिए, जंगल की पगडंडी में खुद का प्रकाश होता है, जो रास्ता बता देता है। यह बात सच भी है, पर उस प्रकाश को देखने के लिए हमारे पास बेलापानी के सरल और निश्छल बैगा लोगों जैसी आंखें होनी चाहिए।

कुछ ही समय में हम गाड़ी के पास पहुंचे। सबने अपने-अपने साथियों को साथ लिया और फिर निकल पड़े शिखर युवा मंच के कार्यालय की ओर। रास्ता उसी तरह दुर्गम था पर वापसी में सब एक दूसरे को अच्छे से जान चुके थे इसलिए न रात का एहसास हुआ और ना दुर्गम रास्ते का। वर्तमान में देश के माहौल पर चर्चाएं होने लगी कैसे हम साम्प्रदायिकता के आगे इतने बेबस होते जा रहे हैं कि अपने देश की शांति और सौहार्द्र को समाप्त करने पर तुले हैं। अपनी सांस्कृतिक विरासतों के बारे में उच्च पद धारण करने वालों की सोच का इतना नीचे हो जाना हमें वास्तविक सांस्कृतिक पतन लगता है। रवींद्र जी और दीपक सर ने इन मुद्दों

पर अपनी बातें रखी। साथ ही विभिन्न देशों की बातें बताई जिन्होंने अपनी ऐतिहासिक धरोहरों को नष्ट करने वालों की भी निशानियां बहुत सहेज कर रखी हैं। यह बात भी चली की वास्तव में जिन प्राकृतिक एवं सांस्कृतिक धरोहरों के संरक्षण की आवश्यकता है उन पर कोई ध्यान नहीं दे रहा। क्योंकि हम जंगल में हैं तो बात जंगल की भी निकली कैसे हम अपने प्राकृतिक वनों जैसी अमूल्य सम्पदा को तिनकों जैसे उजाड़े जा रहे हैं। ऐसी ही बातों से रास्ता कैसे कटा और चिल्फी तक का सफर कब पूरा हो गया पता ही नहीं चला।

सब कार्यालय के अंदर प्रविष्ट हुए। चर्चा इस बात पर थी कि ठंड देखने को नहीं मिल रही जो चिल्फी घाटी की पहचान है और आपसदारियाँ जो मौसम के साथ प्रकृति और हमारा तालमेल है उसमें मौसम कहीं गुम हो गया है। जैसे घाटशिला में बरसात न मिली वैसा ही चिल्फी में ठंड नहीं मिली ? नहीं..नहीं ! ऐसा बिल्कुल नहीं है। उत्साह और पैदल चलने से हमारे अंदर जो गर्मी पैदा हुई वह ठंड को जरूर कम कर रही है। पर हमारे मुंह से निकलती भाप बता रही है कि ठंड है और पर्याप्त है। हम कुछ लोग चाय की तलाश में बाहर निकलें जिसमें मैं, अजय सर, समयलाल जी, विजय सर, राजाराम हलवाई जी, संतराम थवाईत जी और महेश आमदे सर थे। एक चाय की टपरी पर चाय का आनंद लेने लगे। वहीं पर विजय जी की जंगल गाथा प्रारंभ हुई। उन्होंने एक-एक कर अपनी जंगल पर लिखी गई कविताएं सुनाई। उनकी कविताओं में बस्तर, बस्तर की महिलाएं, बस्तर की संस्कृति साफ झलकती है। वास्तव में विजय जी बस्तर के कवि हैं।

खाना खाने का समय हो गया इसलिए सब वापस चले। बातचीत का जो सिलसिला पहचान के बाद चल पड़ता है वह रूकता कहां है। बातें भी चलती रही। शिखर युवा मंच के साथियों ने बड़ी आत्मीयता और अपनेपन के साथ सबको घर जैसा भोजन कराया। कहीं बाहर आने का एहसास जैसे हुआ ही नहीं। खाने के पश्चात् सब हाल में बैठे और कविता पाठ के एक सत्र का आयोजन हुआ। वास्तव में किसी साहित्यकार का वास्तविक परिचय उसकी रचनाएं हैं। इन्हीं रचनाओं के साथ सब एक-दूसरे से पूर्णतः परिचित हुए। यह सत्र इसलिए भी आवश्यक था क्योंकि

कुछ साथी साहित्यकारों का दूसरे दिन कहीं और कार्यक्रम था और वहां उनकी उपस्थिति आवश्यक थी।कविता पाठ राहुल राजेश जी से शुरू होकर सतीश जी पर रूका। सबने अपनी कुछ प्रतिनिधि कविताओं का वाचन किया। अंत में मनजीत जी का आमंत्रण कि कल सब उनके घर नाश्ते पर पधारें जिसे सबने सप्रेम स्वीकार किया। बातें चलती रही। सब वहां से चले, केवल दीपक जी ने रात चिल्फी घाटी के ही विश्राम गृह में गुजारी।

दूसरे दिन जैसा तय था सभी मनजीत जी के घर नाश्ते पर एकत्र हुए। उन्होंने बड़े ही प्रेम और स्नेह के साथ सबको नाश्ता कराया। आगे का कार्यक्रम बिना किसी औपचारिकता के सुधा वाटिका में किया जाना तय किया गया। वहीं पर आपसदारियाँ के पहले पड़ाव घाटशिला की पुस्तिका का विमोचन किया गया। कुछ बातें घाटशिला की हुई फिर बेलापानी के अनुभव को साझा किया। एक बात रवींद्र जी ने कही कि वे बहुत बार आदिवासी संस्कृति को जानने उनके पास गए, साथ रहे पर आदिवासियों की केवल उन्हीं बातों को जान पाए जो वे दुनिया को दिखाते हैं परंतु यहां बेलापानी में बैगा हम सबसे जैसे जुड़े जैसा आत्मीय संबंध उन्होंने हमसे बनाया हमें बिना किसी स्वार्थ के अपने आप में ढाल लिया वैसा कभी नहीं हुआ। यह बात मुझे आपसदारियाँ की सबसे बड़ी सफलता लगी। बैगा लोगों की इस आत्मीयता का कारण कुछ हद तक भूपेश जी की संस्था शिखर युवा मंच भी रहा। सतीश सर ने आपसदारियाँ के अगले संभावित पड़ावों के बारे में चर्चा की और बताया कि अगला पड़ाव गर्मियों में पलाश के किसी वन या किसी ऐसी जगह पर किया जाए जहां कुछ नई बातें नई संस्कृति से हमारी आपसदारियाँ समृद्ध हो पाएं। आपसदारियाँ के कवर्धा पड़ाव की सफलता की खुशी जाहिर की। मनजीत जी ने आपसदारियाँ के दूसरे पड़ाव का आयोजन कवर्धा में कर हम स्थानीय साहित्यकारों को सबके सानिध्य का अवसर प्रदान करने के लिए धन्यवाद दिया। उनके इस आभार प्रदर्शन के साथ ही आपसदारियाँ के दूसरे पड़ाव का समापन भी हुआ।

1.3.4. सरसों के खेत में बैगा महिला मैं और राहुल राकेश सर 5. वरिष्ठ साहित्यकार गण, 6. मक्के से के साथ बैगा

1. युवा बैगा नर्तक, 2. भुलऊ, 3.अपने बच्चों के साथ बैगा महिला,
4. अपने बच्चों को कपड़े से बाँधे चलती महिलाएं, 5. बैगा नर्तकी
युवतियाँ